Mit Ausflügen rund um
KÖLN
Stadtführer spezial

DIE AUTOREN

Petra Metzger hat an der Universität Köln Kunstgeschichte studiert. Während des Studiums und danach war sie viele Jahre als Stadtführerin tätig. Inzwischen arbeitet sie vorwiegend publizistisch, schreibt über Architektur, Kunst- und Kulturgeschichte und Literatur.

Niklas Bode reist leidenschaftlich gern und schreibt darüber in seinem Reiseblog »Urban Meanderer«. Als Szenegänger gefallen ihm besonders Metropolen wie Berlin, aber auch Wismar, Rostock und die Natur im deutschen Norden haben es ihm angetan.

W0045988

INHALT

Willkommen in Köln 6

TOP 10 & MEIN KÖLN

🔟 **Top 10:** Das müssen Sie gesehen haben 10
✤ **Mein Köln:** Lieblingsplätze der Autorin 11

STADTTOUREN   MIT DETAILKARTEN

Die Altstadt: Kirche, Kultur und Kölsch 14
Urbane Vielfalt zwischen Hohe Straße und Hahnentor 31

STREIFZÜGE

Eigelstein und Agnesviertel 38
Ein Abstecher nach Ehrenfeld 40
Deutz – ein Besuch auf der »Schäl Sick« 42
Streifzug ins Umland: Altenberger Dom 48
Streifzug ins Umland: Brühl 52
Streifzug ins Umland: Solingen 56

REISEBLOG: DAS ANDERE KÖLN

Verwunschene Felsschlucht am Fort VI: Der Lindenthaler Felsengarten 58
Spuren des Nazi-Schreckensregimes: Das NS-Dokumentationszentrum 60
Urlaubsatmosphäre im Kölner Süden: Die Zündorfer Groov 62
Gartenidylle am Rhein: Der Schlosspark Stammheim 64
Streifzug durch ein Kölner Szeneviertel: Ehrenfeld 66

VISTA POINTS – SEHENSWERTES

Museen 68
Kirchen 82
Architektur und andere Sehenswürdigkeiten 94

ERLEBEN & GENIESSEN

Übernachten 108

Essen und Trinken 117
Nightlife 138
Kultur und Unterhaltung 145
Shopping 154
Mit Kindern in der Stadt 160
Erholung und Sport 167

CHRONIK

Daten zur Stadtgeschichte 174

SERVICE VON A BIS Z

Service von A bis Z 180

ORTE AUS »1000 PLACES TO SEE BEFORE YOU DIE«

Köln: »Et kütt wie et kütt« 6
Kölner Dom: Kathedrale für die Gebeine der Heiligen Drei Könige 16
Alter Markt und Altstadt: Der Kölner Kern 22
Kölner Karneval: Alaaf! 30
4711-Haus in der Glockengasse: »4711 Echt Kölnisch Wasser wirkt positiv auf
Körper, Geist und Seele.« 35
Altenberger Dom: Zwischen Märchenwald und Kirschwaffeln 49
Althoff Grandhotel Schloss Bensberg: Exklusives Schlosshotel mit Blick auf den
Kölner Dom 51
Schlösser Augustusburg und Falkenlust: Schon Casanova ließ bitten 53
Max Ernst Museum: Vom Tanzsaal zum Kunstmuseum 55
Kolumba: Kunstmuseum des Erzbistums Köln: Dreiklang von Ort, Sammlung
und Architektur 71
Museum Ludwig: Von der Pop Art bis zur Gegenwart 73
Rautenstrauch-Joest-Museum: Der Mensch in seinen Welten 77
Wallraf-Richartz-Museum & Fondation Corboud: Mittelalterliche Meisterwerke . . . 81
Zwölf romanische Kirchen von Köln: Colonia Romanica 83
Praetorium: Mit dem Fahrstuhl in die Römerzeit 102
Restaurant Le Moissonnier: Kreativküche 119
Kölsch und Brauhäuser: »Drink doch ene met ...« 132
Phantasialand: Von Giftschlangen und Achterbahnen 165
Kölner Lichter: Mega-Feuerwerk 186

Register 202
Bildnachweis und Impressum 206

Zeichenerklärung

 Top 10
Das müssen Sie gesehen haben

 Mein Köln
Lieblingsplätze der Autorin

 Vista Point
Museen, Galerien, Architektur und andere
Sehenswürdigkeiten

 Kartensymbol: Verweist auf das entspre-
chende Planquadrat der ausfaltbaren Karte
bzw. der Detailpläne im Buch.

ECHTE HINGUCKER. AUCH VON VORNE.

KÖLNER ZOO

Willkommen in Köln

Ganz gegen den allgemeinen Trend und den demografischen Wandel ist Köln eine wachsende Stadt und eine junge Stadt dazu. 2010 hat die Einwohnerzahl die Millionengrenze überschritten. Mit rund 25 Prozent stellen die 18- bis 25-Jährigen die größte Bevölkerungsgruppe. Gut 30 Prozent aller Kölner haben Migrationshintergrund, womit nicht auf die römische Stadtgründung abgehoben wird. Jung, bunt und lebendig geht es also zu in der mittelalterlichen Kirchenmetropole und heutigen Medienstadt. Rund ein Drittel aller deutschen TV-Produktionen entstehen hier und sie verfestigen Kölns Ruf als Stadt der Unterhaltung und des rheinischen Frohsinns. Nicht allein Brauereien und Gastronomie, sondern auch Bimmelbahn und Party-Discounter leben vom (feier-)lustigen und trinkfreudigen Image der Stadt, zu dem natürlich der Karneval maßgeblich beiträgt. Aber auch die Cologne-Pride-Parade als größtes Queer-Event Europas.

Kölner Rheinpanorama

Doch die über 2000-jährige Stadt hat auch kulturell viel zu bieten: Römerturm und Praetorium, mittelalterliche Stadtmauer und zwölf romanische Kirchen, den gotischen Dom und das Renaissance-Rathaus, einen Friedhof aus der Franzosenzeit und preußische Forts, architektonische Kleinode aus den 1950er Jahren, bedeutende Sammlungen alter und zeitgenössischer Kunst, eine lebendige Designszene und die Kunsthochschule für Medien. Nicht zuletzt bereichern neben Schauspiel, Oper und Philharmonie Events wie Art Cologne, lit.COLOGNE, ACHT BRÜCKEN – Musik für Köln und die »Langen Nächte« die Kulturlandschaft der Stadt.

Andererseits hat sich Köln ein gewisses Maß an Provinzialität bewahrt, was manche charmant und andere peinlich finden. Es bildet den Humus, auf dem der berühmt-berüchtigte kölsche Klüngel gedeiht, der sich zwischen Kavaliersdelikt und Korruption bewegt. »Köln ist ein Gefühl«, lautet der vielzitierte Slogan, mit dem die Stadt für sich wirbt – aber eben kein eindeutiges. Im Klüngel kommen vielleicht die zwei Gesichter der Stadt am deutlichsten zum Ausdruck, die nicht zuletzt auch in den beiden kölschen Originalen Tünnes und Schäl versinnbildlicht sind und so wiederum zum kölschen Mythos beitragen.

» Et kütt wie et kütt «

KÖLN

Köln, Nordrhein-Westfalen

Köln am Rhein – das klingt, als sei etwas im Fluss. Ist es auch. Und zwar von alters her. Römische Mauern, Ubier, Hunnen und fromme Pilger, Bürgerstolz und Kaufmannsgeist sind unter die Fittiche von Mutter Colonia gekrochen, während Vater Rhein vorbeizog und sich seinen Teil dachte. Es wundert nicht, dass ein solches Paar über 2000 Jahre prosperierte und manch romantische Blüte und Sage hervorbrachte.

Trotz seiner Größe blieb Köln in der jüngeren Vergangenheit meist eher bescheiden, eine rheinische Provinz im Großen, manchmal sogar ein Anlass zum Schmunzeln. Denn hier, im unzuverlässigen Rheinland, wünschte man sich nichts so sehr wie Heinzelmännchen, um sich möglichst ungestört den lokalen Freuden hingeben zu können.

Erst seit den späten 1970er Jahren gelang der Stadt eine bessere Selbstdarstellung. Vorbereitet durch die Neuerungen ein Dezennium zuvor, als Köln zur Wundertüte der Literaten, Underground-Filmer und Video-Künstler avancierte, etablierte sich die Domstadt als Kunstzentrum von Rang. Galerien, Kunstmärkte, eine durch die solventen Sammler Irene und Peter Ludwig bereicherte Museumslandschaft, restaurierte Sakralbauten und eine prächtige Philharmonie sorgten dafür. Dann drehte sich das Publicity-Rad der Stadt in Richtung Medienbetrieb. Der WDR bekam Konkurrenz, Sender folgte auf Sender: RTL, Phoenix, n-tv, VOX – deren Zulieferbetriebe, die Internationale Filmschule, Filmstudios, die Kunsthochschule für Medien und eine rege Verlagsbranche eingeschlossen.

Die PR-starke Umtriebigkeit setzt innerhalb der traditionellen Zweige des Wirtschaftszentrums West neue Impulse. Köln als Hort der chemischen Industrie, als Standort für Auto- und Maschinenbau diversifiziert sich deutlicher.

Für den Besucher hält Köln nicht viel mehr als ein durch enorme Kriegsschäden und Wiederaufbau bedingtes Stadtbild bereit, das punktuell Glanzlichter aufweist. Innenarchitektonisch allerdings ist Köln doch ein Schatzkästlein geblieben: dank hervorragender Museumsstücke, faszinierender Sakralräume oder beeindruckender Treppenhäuser im Gürzenich, im Dischhaus und im Museum Ludwig.

Letztlich jedoch sind es die Kölner selbst, die ihre Stadt in Schwung halten. Die Besucher merken es gleich: am alltäglichen Gang der Dinge und an der Begabung, fünf möglichst gerade sein zu lassen – eine Eigenschaft, die im Wettbewerb deutscher Strenge und Zugeknöpftheit höchst angenehm aus dem Rahmen fällt.

INFO: KölnTourismus GmbH, Kardinal-Höffner-Platz 1, 50667 Köln, Tel. (02 21) 346 43-0, www.koelntourismus.de.

Domstadt am Rhein.

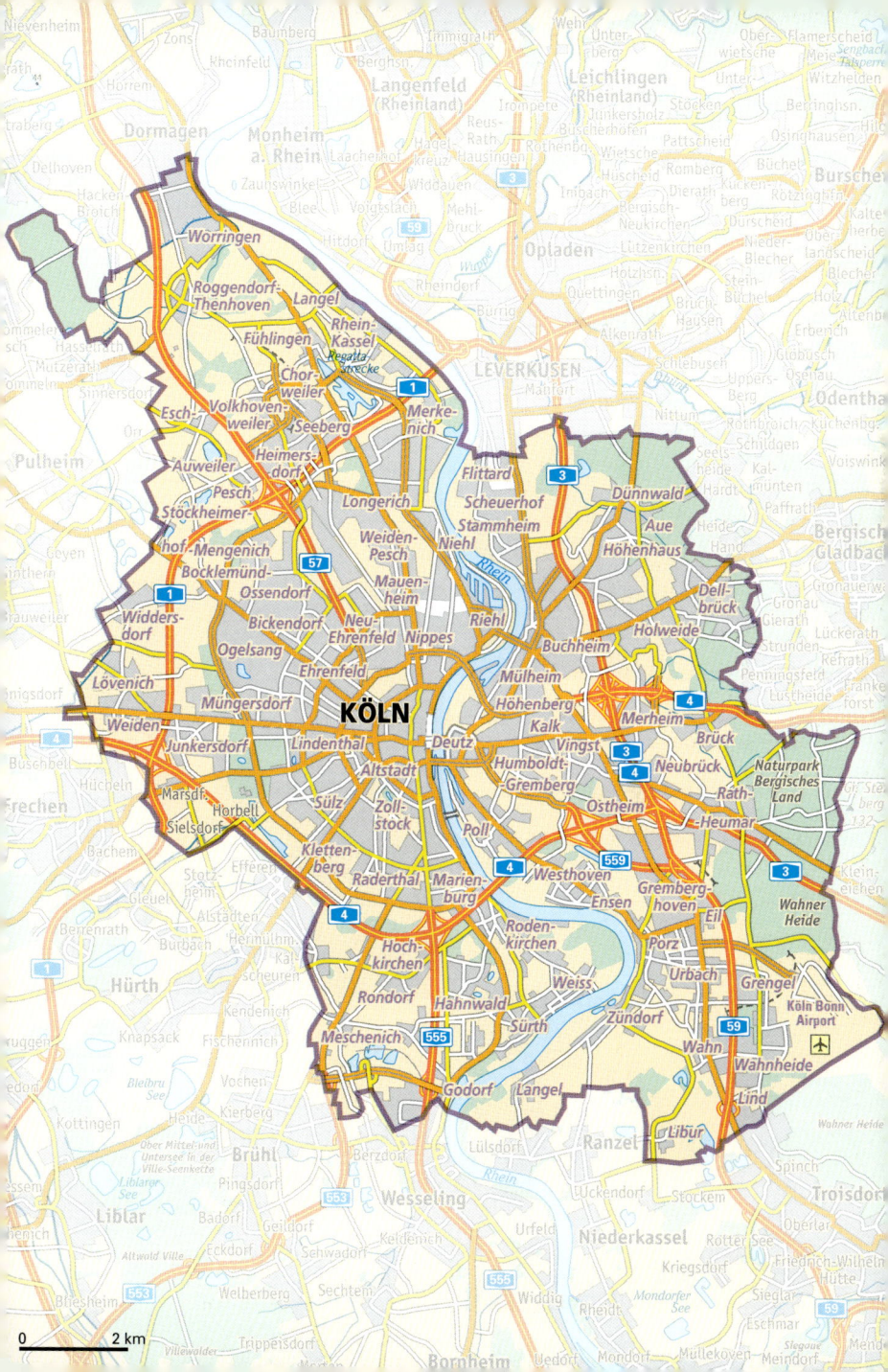

Top 10: Das müssen Sie gesehen haben

 Kölner Dom mit dem Schrein der Heiligen Drei Könige
S. 14 ff., 82 ➡ F9

Dass Rainald von Dassel die Gebeine der Heiligen Drei Könige nach Köln brachte, wurde zum Initial für eines der größten und bedeutendsten christlichen Bauwerke.

 Das Dionysos-Mosaik und das Römisch-Germanische Museum
S. 18, 78 f. ➡ F9

1941 wurde der Mosaikboden eines römischen Festsaals entdeckt und bestimmte den Standort des Museums, dessen herausragende Fundstücke der römischen und germanischen Kultur aktuell im Belgischen Haus zu sehen sind.

 Museum Ludwig
S. 18 f., 72, 73 ➡ F9/10

Eines der bedeutendsten Museen für moderne Kunst in Deutschland, das zum größten Teil auf der Stiftung des Ehepaars Peter und Irene Ludwig beruht.

 Alter Markt
S. 21 ff. ➡ F9

Mit Jan-von-Werth-Brunnen, »Platzjabbeck« und »Kallendresser« repräsentiert einer der schönsten Plätze der Stadt kölsche Eigenart und Brauchtum.

 Rathaus und Ratsturm
S. 21, 25, 101 ➡ F9

Renaissancelaube und Ratsturmfiguren des Gebäudes aus dem 16. Jahrhundert sind als Symbole des Kölner Bürgerstolzes entstanden.

 Wallraf-Richartz-Museum & Fondation Corboud
S. 27, 80, 81 ➡ F9

Das Museum beherbergt in einem Neubau von 2001 die weltweit umfangreichste Sammlung mittelalterlicher Malerei, zudem Kunstwerke vom 16. bis zum 20. Jahrhundert sowie die große und bedeutende Graphische Sammlung.

 Kolumba – Kunstmuseum des Erzbistums
S. 31 f., 70, 71, 88 ➡ F9

Peter Zumthors Neubau für das Diözesanmuseum Köln birgt eine außergewöhnliche Kunstsammlung vom frühen Christentum bis zur Gegenwart.

 Rautenstrauch-Joest Museum & Museum Schnütgen
S. 74, 76 ff. ➡ G8/9
Im Herbst 2010 eröffnete das Kulturquartier am Neumarkt mit dem Museum Schnütgen für sakrale Kunst und dem Neubau des Rautenstrauch-Joest-Museums.

 Romanische Kirchen
S. 82 ff. ➡ E/F9, F8, G8, G9, E10, G9, G10, F9/10, H8, H9, E9

Der Kranz der zwölf romanischen Kirchen – St. Andreas, St. Aposteln, St. Cäcilien, St. Georg, St. Gereon, St. Kunibert, St. Maria im Kapitol, St. Maria Lyskirchen, Groß St. Martin, St. Pantaleon, St. Severin und St. Ursula – zeugt bis heute von Kölns herausragender Bedeutung im Mittelalter.

 Rheinauhafen
S. 103 ➡ G–J10
Aus der einstigen Ausflugsinsel und dem späteren Industriehafen ist ab 1998 ein ambitioniertes Wohnviertel mit Szenegastronomie geworden. Architektonische Wahrzeichen sind die drei Kranhäuser, die an Lastkräne erinnern.

Mein Köln
Lieblingsplätze der Autorin

Liebe Leser,
1950er-Jahre-Charme, Oasen der Stille oder pulsierendes Leben: Meine Lieblingsorte zeigen die vielfältigen Qualitäten Kölns. Viel Spaß bei deren Entdeckung wünscht Ihnen

Petra Metzger

 Gürzenich
S. 27, 96, 150 ➡ F9
Kölns »gute Stube« aus dem 15. Jahrhundert mit einzigartigem 1950er-Jahre-Flair. Das Veranstaltungs- und Festhaus mit eigenem Orchester wurde als Tagungsort der G-7- bzw. G-8-Gipfeltreffen 1999 weltweit bekannt.

 Rudolfplatz
S. 37 ➡ F/G7
Das mittelalterliche Hahnentor, lebendiges Treiben an Ringen und Aachener Straße, das beliebte Eiscafé Breda, die Volksbühne in Jugendstilarchitektur und Kölns schönste Leuchtreklame (das Reissdorf-Männchen) – das alles hat man am Rudolfplatz im Blick.

 Fort X Rosengarten
S. 38, 95 f. ➡ C10
Ein Highlight, das man suchen muss: ein Rosengarten auf dem Dach eines preußischen Forts.

 Kartäuserkirche
S. 84 ➡ H9
Die ehemalige Niederlassung des Kartäuser-Ordens ist ein Kleinod gotischer Baukunst und ein Hort protestantischen Lebens in Köln.

 MediaPark am Abend
S. 99 ➡ D/E7/8
Einen besonderen Reiz bildet das Umspannwerk mit den drei dreieckigen Hologrammen auf dem Dach, die am Abend weithin sichtbar sind (vgl. S. 4).

KVB

VRS

S 11 Neuss Düsseldorf

Dormagen Chempark
Worringen
Blumenberg
Chorweiler Nord
Chorweiler
15
Merkenich
12
Merkenich
Merkenich
Fordwerke
Fordwerke
Fordwerke
Geestemür

Volkhovener Weg
Heimersdorf
Longerich
Longericher Str.
Herforder Str.
Altonaer Platz
Niehl
Longerich Friedhof
Meerfeldstr.
Wilhelm-Sollmann-Str.
Scheibenstr.
Mollwitzstr.
Neusser Gürtel
Florastr.
Lohses

Görlinger-Zentrum
3
Ollenhauerring
Schaffrathsgasse
4
Bocklemünd
Westfriedhof
Wolffsohnstr.
Akazienweg
Sparkasse Am Butzweilerhof
5
IKEA Am Butzweilerhof
Alter Flughafen Butzweilerhof
Rektor-Klein-Str.
Margaretastr.
Iltisstr.
Lenauplatz
Subbelrather Str./Gürtel
Geldernstr./Parkgürtel
Escher Str.
Nußbaumerstr.
S 6
Nippes
S 6, 11
13

Müngersdorf/Technologiepark
Lövenich
S 13/19 Düren
S 12 Horrem
Weiden West
1
Weiden Römergrab
Weiden Zentrum
Bahnstr.
Mohnweg
Junkersdorf
Rheinenergie-Stadion
Alter Militärring
Eupener Str.
Clarenbachstift
Maarweg
Venloer Str./Gürtel
Leyendeckerstr.
Weinsbergstr./Gürtel
Melatengürtel
Körnerstr.
Piusstr.
Aachener Str./Gürtel
Universitätsstr.
Melaten
Wüllnerstr.
Dürener Str./Gürtel
Liebigstr.
Gutenbergstr.
Christophstr./Mediapark
S 12, S 13/19
Hansaring
15
Hans-Böckler-Platz/Bf West
Rudolfplatz
Friesenplatz
Appellhofplatz/Zeughaus
Moltkestr.
Mauritiuskirche
Zülpicher Platz
12
13
Brahmsstr.
Stüttgenhof
Marsdorf
Haus Vorst
Zülpicher Str./Gürtel
Mommsenstr.
7
Frechen
9
Sülz Hermeskeiler Platz
Gleueler Str./Gürtel
Lindenburg (Universitätsklinik)
Weyertal
Universität
Euskirchener Str.
Sülzburgstr.
Berrenrather Str./Gürtel
Klettenbergpark
Dasselstr./Bf Süd
Eifelwall
Weißhausstr.
Arnulfstr.
Sülzgürtel
13
18
16
15
12
18
Barb
Eifelstr.
Eife
Poh
Hert
Gotte
18 Bonn
Zollstock
12
Zollsto Südfrie

2019-12-15

Merkenich
Endhaltestelle
terminus

Niehl
alternative Endhaltestelle
alternative terminus

U
Stadtbahnlinie
tram / light railway

S
S-Bahn
rail rapid transit

Fernverkehr
long distance traffic

P+R
P+R-Platz
park & ride

www.kvb.koeln/barrierefrei
www.kvb.koeln/barrierefree

Dom
Cathedral

Stadttor
City Gate

Rheinauhafen Kranhäuser
Crane Houses

Triangel-Platt
Observation De

Altstadt
Old Town

Historisches Rathaus
Old Town Hall

Aussichtspunkt
Viewpoint

Seilbahn
Cable Car

Köln
Cologne
2020

Rhein

Düsseldorf
S 6

Schlebusch
4

LEV Chempark

Odenthaler Str.

Stammheim

Leuchterstr.

Am Emberg

Bergisch
Gladbach
S 11

Niehl Sebastianstr.

Mülheim Berliner Str.

Im Weidenbruch

Von-Sparr-Str.

Holweide Dellbrück

Nesselrodestr.

Keupstr.

13

Amsterdamer
str. / Gürtel

Slabystr.

Holweide
Vischeringstr.

Bf Mülheim

Thielenbruch
18

haus

13
18

Mülheim
Wiener Platz

13
18

Wichheimer
Str.

3

Boltensternstr.

Maria-Himmelfahrt-Str.

Neufelder Str.
(Holweide Krankenhaus)

Dellbrück Mauspfad

Dellbrück Hauptstr.

Zoo / Flora

18

Grünstr.

Buchheim
Herler Str.

Brück Mauspfad

Reichenspergerplatz

Buchforst

4

Buchheim
Frankfurter Str.

Ebertplatz

Stegerwald-
siedlung

3

Buchforst Waldecker Str.

Breslauer
Platz / Hbf

Messe / Deutz

Koeln-
messe

S 6, 11

S 6,11,12,13/19

Deutz Technische
Hochschule

Kalk Post

Kalk Kapelle

Fuldaer Str.

Höhenberg Frankfurter Str.

Kalker Friedhof

Merheim

Flehbachstr.

Brück Mauspfad

1

Bf Deutz /
Messe

Bf Deutz /
LANXESS arena

Vingst

Ostheim

Steinweg

Autobahn

Porzer Str.

Rath-Heumar

Röttgensweg

Refrath
Bensberg

Rathaus

1
9

Deutzer
Freiheit

Trimbornstr.

4 3

S 12 13/19

9

Königsforst
9

umarkt

Suevenstr.

Severinsbrücke

4
3

Drehbrücke

7

Frankfurter Str.

erinstr.

Poller Kirchweg

17

Kartäuserhof

Raiffeisenstr.

Poll Salmstr.

15

Baumschulenweg

Airport -
Businesspark

Ubierring

Westhofen
Kölner Str.

S 12

S 13/19

lodwigplatz

16

Schönhauser Str.

Westhofen
Berliner Str.
Ensen Gilgaustr.

Steinstr.

onner Wall

17

Bayenthalgürtel

Ensen Kloster

Köln / Bonn
Flughafen

Heinrich-Lübke-Ufer

Porz Steinstr.

Rodenkirchen Bf

Porz Markt

Porz

Siegstr.

Rosenhügel

17

Michaelshoven

Porz-Wahn

Sürth Bf

Zündorf
7

Godorf Bf

Bonn
BN-Bad Godesberg

Troisdorf S 13

S 12

S 19 Au (Sieg)

16

N

DIEINFORMATIONSDESIGNER

Die Altstadt:
Kirche, Kultur und Kölsch

Vormittag
Dom – Dionysos-Mosaik im Römisch-Germanischen Museum – Heinrich-Böll-Platz – Fischmarkt – Groß St. Martin – Alter Markt.

Mittag
Peters Brauhaus, Mühlengasse 1, oder
Brauhaus Zum Prinzen, Alter Markt 20–22.

Nachmittag
Rathaus – Mikwe – St. Alban und Gürzenich – Farina – Eisenmarkt/Hänneschen Theater – Kölner Pegel – Malzmühle.

Auf der **Domplatte** zwischen KölnTourismus und Domeingang stehen Fragmente des Nordtors, einst Teil der Stadtmauer der 50 n. Chr. zur römischen Stadt *Colonia Claudia Ara Agrippinensium* (kurz CCAA) erhobenen Siedlung. Nur wenige Meter entfernt befand sich eine erste frühchristliche Kultstätte, die damals buchstäblich am Stadtrand lag. Heute ist der auf einem Hügel thronende ❶ **Kölner Dom** ➡ F9 weithin sichtbares Wahrzeichen und stellt für viele Einwohner

Beliebter Ort für Selfies: die Domplatte vor dem Kölner Dom

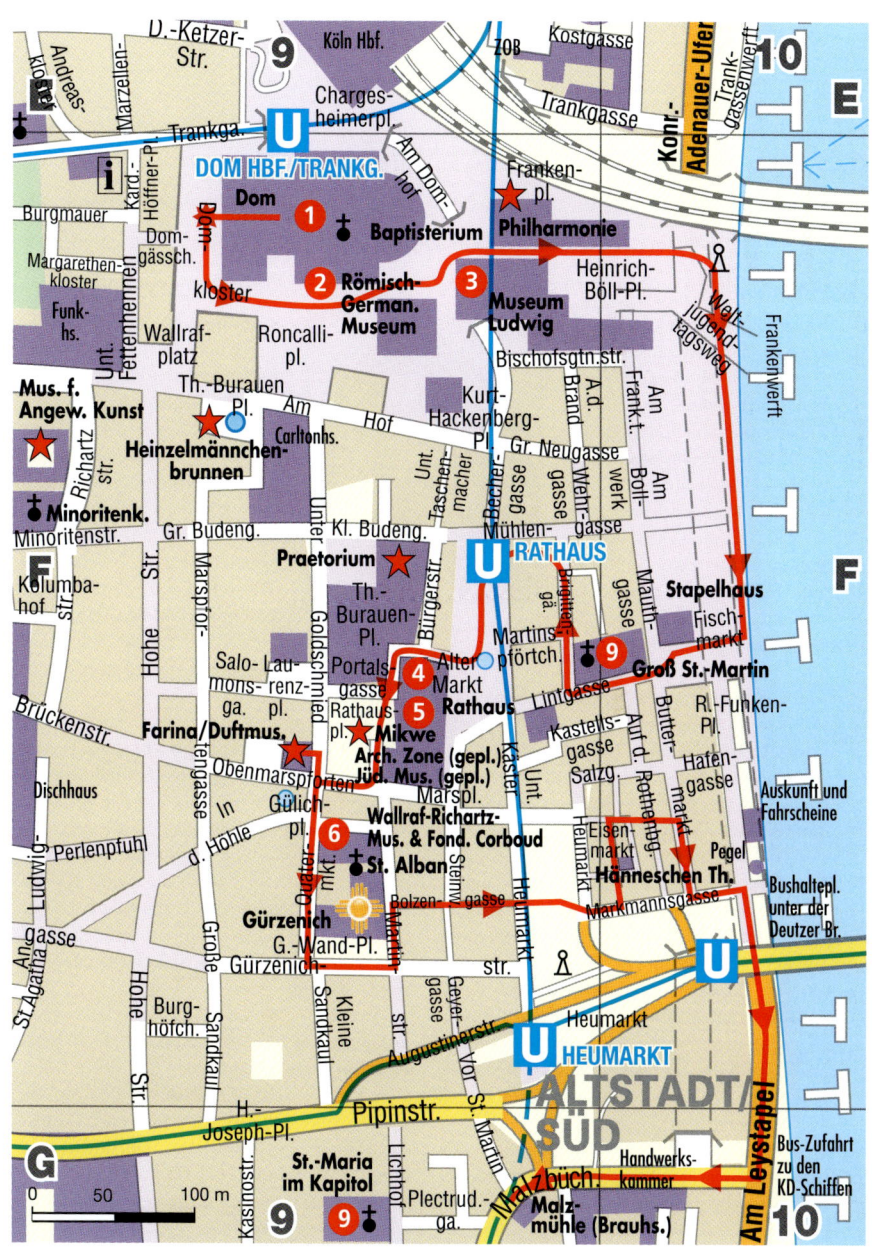

KÖLNER DOM

Köln, Nordrhein-Westfalen

Der Dom St. Peter und Maria ist nicht nur das berühmteste Bauwerk der Stadt, sondern überhaupt Deutschlands bekanntestes Architekturdenkmal. 1996 wurde er in die UNESCO-Liste des Welterbes aufgenommen. Der Kölner Dom, dessen seit dem Mittelalter unvollendet gebliebenen Torso das 19. Jahrhundert in einem Rausch romantisch-nationaler Begeisterung vollendete, gilt zu Recht als vollkommenste der gotischen Kathedralen.

Als Meister Gerhard, der erste Dombaumeister, 1248 mit der Realisierung seines großartigen Entwurfs begann, vermochten die an den romanischen Kirchen geschulten heimischen Bauhandwerker den völlig neuen technischen Anforderungen zunächst kaum zu genügen. Doch Meister Gerhard war mit der französischen Kathedralgotik von Amiens und Reims vertraut, und diese Kathedralen dienten dann auch als Vorbild.

1842, als mit dem Weiterbau des Doms begonnen wurde, war die Situation umgekehrt: Damals bediente man sich modernster technischer Hilfsmittel, wie etwa einer Dampfmaschine zum Hochziehen der Lasten, um die imposante Zweiturmfassade genau nach dem auf abenteuerliche Weise verloren gegangenen und später wieder aufgefundenen mittelalterlichen Pergamentplan zu errichten. Die Weihe des vollendeten Doms erfolgte am 15. Oktober 1880.

Die reiche Innenausstattung versammelt sich vornehmlich im mittelalterlichen Hochchor. Der Reliquienschrein mit den Gebeinen der Heiligen Drei Könige erinnert an die Zeit, als Köln nach

Die Westfassade des Doms ragt 157 Meter in den Kölner Himmel.

Jerusalem, Rom und Santiago de Compostela einer der bedeutendsten Wallfahrtsorte der Christenheit war. Es waren die Dreikönigenreliquien, die – als Kriegskontribution 1164 durch den Reichskanzler Kaiser Friedrich Barbarossas, Rainald von Dassel, aus Mailand nach Köln gebracht – den Wunsch weckten, den ehemals karolingischen Dom durch eine gotische Kathedrale nach französischem Vorbild zu ersetzen.

An der Nordseite des Chorumgangs hängt das aus dem späten zehnten Jahrhundert stammende Gerokreuz, die älteste aus dem Mittelalter erhalten gebliebene Großplastik des gekreuzigten Christus, und auf der Südseite des Chorumgangs steht das Hauptwerk der Kölner Malerschule, der berühmte »Altar der Stadtpatrone« von Stefan Lochner. Höchst bemerkenswert sind die Farbglasfenster des Doms – vom Älteren Bibelfenster im Chor bis zum 2007 eingeweihten Südquerhausfenster von Gerhard Richter.

INFO: Der Kölner Dom befindet sich in unmittelbarer Nähe des Hauptbahnhofs. **INFO KÖLNER DOM:** Domkloster 4, 50667 Köln, www.koelner-dom.de, Öffnungszeiten Mo–Sa 10–20, So/Fei 8–20 Uhr, während Gottesdiensten nur die Turmhalle, Führungen sind über das Domforum (Tel. 02 21-92 58 47 20) zu buchen, weitere Führungen über www.domfuehrungen-koeln.de.

nicht nur das Herz der Stadt, sondern zugleich auch den Nabel der Welt dar. Den Anstoß für den Bau der gotischen Kathedrale lieferte Erzbischof Rainald von Dassel, der 1164 die in Vergessenheit geratenen Gebeine der Heiligen Drei Könige aus Mailand mitbrachte. Geschicktem Reliquien-Marketing ist es zu verdanken, dass Köln damit zu einem bedeutenden Wallfahrtsort aufstieg. 1248 legte man den Grundstein; 1322 wurde der Chor mit seinen sieben Kapellen geweiht. Als um

Dom innen

Wer ohne Führung die Kathedrale durchstreift, sollte auf jeden Fall das **Gerokreuz** gesehen haben, ein Holzkreuz aus dem späten 10. Jahrhundert von fast drei Metern Höhe. Folgt man dem Chorumgang über den prächtigen Mosaikfußboden, kommt man zum **Dreikönigsschrein**, einer herausragenden Goldschmiedearbeit aus der Zeit um 1200, die als größtes und künstlerisch wertvollstes Reliquiar des Mittelalters gilt. In der dahinter liegenden Achskapelle befindet sich das älteste Fenster des Doms, das **Ältere Bibelfenster** aus dem Jahr 1260. An der Marienkapelle grüßt die vor 1300 entstandene Himmelskönigin mit ebenfalls gekröntem Jesuskind, die sogenannte **Mailänder Madonna**, von einem Strebepfeiler. Gleich nebenan ist Stefan Lochners **Altar der Stadtpatrone** mit Ursula, Gereon und den Hl. Drei Königen zu sehen, den er um 1450 für die Ratskapelle angefertigt hatte. Das südliche Querhaus zeigt das jüngste Fenster des Doms: **Gerhard Richter** ist der Urheber dieses abstrakten Werks aus 11263 Farbquadraten.

Wer die 533 Stufen zur Besteigung der Domtürme scheut, kann im KölnTriangle mit dem Aufzug zur dortigen Aussichtsplattform fahren, die mit 103 Metern etwa gleich hoch liegt wie die des Doms.

Der »Altar der Kölner Stadtpatrone« in der Marienkapelle des Kölner Doms

Im Römisch-Germanischen Museum: das Dionysos-Mosaik

Das Römisch-Germanische Museum beherbergt Zeugnisse der Kunst, Kultur und des Alltagslebens im römischen und frühmittelalterlichen Köln

1560 das Geld ausging, erlahmte die Bautätigkeit. Erst gut 300 Jahre später ging es weiter, dank Preußenkönig Friedrich Wilhelm IV., der den Kölner Dom zum Nationaldenkmal erklärte und seine Fertigstellung förderte. Nach insgesamt 632 Jahren konnten die Kölner 1880 die Vollendung ihres Doms feiern.

Außerhalb des Doms liegt das **Baptisterium**. Kölns ältester Taufort, Teil der Archäologischen Zone, ist seit 2016 neu gestaltet und durch ein Panoramafenster einsehbar. Sehenswert ist die Lichtinstallation, die Mischa Kuball, Professor für Medienkunst an der Kunsthochschule für Medien Köln, für diesen Ort geschaffen hat.

Am ❷ **Römisch-Germanischen Museum** ➜ F9, 1974 eröffnet und derzeit wegen Sanierung bis 2025 geschlossen (Teile der Sammlung sind im Belgischen Haus an der Cäcilienstraße zu sehen), gibt ein großes Schaufenster den Blick auf das mächtige **Grabmal des Lucius Poblicius** frei, das Stück für Stück unter einem Wohnhaus am Chlodwigplatz ausgegraben wurde. Das weltberühmte, rund zehn mal sieben Meter große **Bodenmosaik mit der Darstellung des Dionysos**, bestehend aus 1,5 Millionen Steinchen, befindet sich hingegen noch am Originalfundort. Es zierte den Speisesaal einer römischen Stadtvilla aus dem 3. Jahrhundert n. Chr. und wurde erst 1941 entdeckt. Rechts neben dem Museum sieht man auf die rekonstruierte römische Hafenstraße hinab.

Links geht es an der Dombauhütte vorbei Richtung ❸ **Museum Ludwig**, für dessen umfangreiche Sammlung

Der Fischmarkt und Kölner Brauhäuser in der Kölner Altstadt

man ausreichend Zeit mitbringen muss. Den **Heinrich-Böll-Platz** hat der israelische Künstler Dani Karavan gestaltet. Er nannte ihn »Ma'alot« und nutzte unterschiedliche Materialien wie Ziegelsteine, Schienen, Granit, Eisen, Gras und Bäume, um Dom und Rhein zu verbinden. Die Fläche befindet sich über der unterirdisch liegenden Philharmonie. Der kleinste Granitkreis der Bodenpflasterung kennzeichnet exakt den Ort der Dirigentenkanzel.

Die Treppenanlage hinunter und weiter über die **Frankenwerft** kommt man zum **Stapelhaus** ➜ F10 und zum **Fischmarkt**. Köln hat eine lange Tradition als Handelsstadt für Wein, Fische, Gewürze und Textilien. Bis nach Köln verkehrten die flachen und schmalen Oberländer Segelschiffe, die für das Befahren der mittelrheinischen Stromschnellen wendig genug waren. Ab Köln nutzte man die Niederländer Schiffe, die deutlich mehr Tiefgang hatten und daher nur für das Fahrwasser des Mündungsgebiets geeignet waren. Also wurde in Köln umgeladen. Alle Händler waren genötigt, ihre Transportgüter drei Tage lang zu stapeln und den Kölnern anzubieten. Diese machten von ihrem Vorkaufsrecht gerne Gebrauch, um die Ware anschließend neu verpackt und vor allem zu höheren Preisen überregional auf den Markt zu bringen. Erst als der Rhein mit Dampfschiffen, die ein Umladen der Güter unnötig machten, befahren wurde, versiegte diese bedeutende Einnahmequelle der Stadt.

Vom Fischmarkt blickt man auf den Chor der Kirche Groß St. Martin. Das **Martinsviertel** entstand auf einer

Blick vom Chor ins Mittelschiff und zur dreifach gegliederten Westwand von Groß St. Martin

früheren Rheininsel. Den Flussarm, der in römischer Zeit in Höhe des heutigen Alter Markts floss, hat man im 10. Jahrhundert zugeschüttet und auf den Fundamenten römischer Speicherbauten mit dem Bau einer Martinskirche begonnen. Im 12. und frühen 13. Jahrhundert wurde diese durch die Benediktinerstiftskirche 🟠 **Groß St. Martin** ➡ F9/10, eine der zwölf romanischen Kirchen Kölns, ersetzt. Nach ihrem erst 1985 vollendeten Wiederaufbau dominiert der markante Vierungsturm wieder die Rheinvorstadt. Das Innere ist eher nüchtern gehalten und lässt die romanische Architektur für sich sprechen. Die Neubauten neben der Kirche gehen auf den Architekten Joachim Schürmann zurück, der die Wohnbebauung den früheren Kreuzgang der Abtei nachzeichnen lässt.

Auf dem Platz vor der Kirche stehen zwei Kölner Kuriositäten. Zum Teil aus römischen Steinen aufgeschichtet erinnert die **Schmitz-Säule** nicht nur an die Insellage des Standorts, sondern auch daran, wie aus der Verbindung von römischen Soldaten und Ubiermädchen der Kölner Urmix entstanden ist. Und nicht zuletzt der kölsche Adel, der den Namen Schmitz, den am weitesten verbreiteten Familiennamen in der Domstadt, trägt. In Bronze gegossen stehen hier **Tünnes und Schäl**, zwei Typen aus dem Hänneschen-Puppentheater und beliebte Witzfiguren. Tünnes mit Knollennase, Halstuch und Arbeitskittel gilt als gutmütig, sinnenfroh, trinkfreudig und bauernschlau. Schäl, lang, dünn und schielend, fühlt sich als etwas Besseres, trägt Sakko und Hut und erweist sich als auf seinen Vorteil bedachtes Schlitzohr und kühler Taktierer. Gemeinsam – so sagt die Legende – repräsentieren die beiden fiktiven Figuren Wesen und Mentalität der Kölner.

Das Martinspförtchen führt zum ❹ **Alter Markt** ➜ F9. Hier hat man den ❺ **Ratsturm** mit seinem Figurenprogramm und mit dem hölzernen Kopf unter der Uhr, dem **Platzjabbeck**, im Blick. Ratsturm und Platzjabbeck sind Siegeszeichen dafür, dass Zünfte und Gaffeln, das sind die Vereinigungen der Handwerker und Kaufleute, 1396 den reichen Patrizierfamilien die Stadtherrschaft abtrotzten. Zur vollen Stunde klappt der Kiefer der bärtigen Figur herunter. Er *jabbt* (hochdeutsch: schnappt) erfolgreich nach der Macht. Später hat man noch eine Zunge hinzugefügt, die der Kopf mit jedem Glockenschlag herausstreckt. Seither wird die Geschichte zuweilen auch umgekehrt erzählt. Die Fratze des »Schnappers« zeige den Bürgern, was der Rat wirklich von ihnen hält, heißt es dann. Doch die

Tünnes und Schäl vor Groß St. Martin

ALTER MARKT UND ALTSTADT

Köln, Nordrhein-Westfalen

Er liegt im Schatten des gotischen Rathausturms: der Alter Markt, Zentrum der heutigen Altstadt. Auf dem Platz steht der Jan-von-Werth-Brunnen von 1884 zur Erinnerung an den Reitergeneral Jan von Werth (1593–1652)

aus der Zeit des Dreißigjährigen Kriegs. Die auf zwei seitlichen Reliefs abgebildete Geschichte von Jan und Griet hat einen festen Platz im Kölner Schatz der Sagen und Mythen und wird alljährlich nachgespielt.

Jedes Jahr, am Donnerstag vor Karneval, ist hier ab 11.11 Uhr der Teufel los. Dann, an Weiberfastnacht, übernehmen die Kölnerinnen das Regiment der Lustbarkeiten. Während der tollen Tage sind der Platz und die Stadt in ihrem Element.

In Richtung Rhein schließt sich ein Terrain eng stehender Häuserfronten an, durchbrochen von winkligen kopfsteingepflasterten Gassen, kleinen Plätzen und reizvollen Innenhöfen. Hier versteckt sich Kölns traditionsreiches, 1802 gegründetes Hänneschen Theater, deren Darsteller Stockpuppen sind und deren Aufführungen in kölscher Mundart stattfinden. Schließlich lockt der Innenhof zu Groß St. Martin mit dem in Bronze gegossenen doppelten Lottchen des Kölner Humors: Tünnes und Schäl.

Im Kranz der romanischen Kirchen Kölns zählt Groß St. Martin neben St. Gereon, St. Maria im Kapitol und St. Aposteln zu den eindrucksvollsten, vor allem der zum Rhein gerichtete Kleeblattchor, der lange den halbfertigen Dom übertrumpfte. Das Innere der nach schwersten

Häuser zu Füßen der romanischen Kirche Groß St. Martin in der Kölner Altstadt.

Kriegszerstörungen wiederhergestellten ehemaligen Benediktinerabteikirche wirkt überaus hell, weil die ursprünglich farbige Verglasung fehlt – ein Restaurationsergebnis, das gelegentlich mit der Ästhetik einer leer geräumten Baustelle verglichen wurde. Gleich beim Chor führt ein Treppchen hinab zum Rhein auf den Fischmarkt, und damit in ein Köln, das sich gut für eine Bühnendekoration eignen würde: Die mächtige Chorpartie von Groß St. Martin überragt die fast kleinstädtische Idylle einer restaurierten Fachwerk- und Giebelkultur.

Kein Wunder, dass Köln-Touristen sich hier besonders gern tummeln, vor allem im Sommer, wenn sich die autofreien Gassen der Altstadt in einen summenden Bier- und Weingarten verwandeln.

Köln am Rhein – hier stimmt es einmal ausnahmsweise: für den Flaneur, der Uferpromenaden zu schätzen weiß, ebenso wie für den Hungrigen, der den Rheingarten im Sommer als Picknickwiese nutzt. Mutter Colonia und Vater Rhein sind in dieser städtischen Oase glücklich vereint.

INFO: Der Alter Markt liegt wenige Schritte südlich des Doms. **INFO KÖLNTOURISMUS:** Kardinal-Höffner-Platz 1, 50667 Köln, Tel. (02 21) 346 43-0, www.koelntourismus.de.

Die Kölner Altstadt besticht durch ihren historischen Charme

haben die passende Antwort parat und halten den Stadtoberen mit dem »**Kallendresser**« den Spiegel vor. Ewald Mataré hat die Figur unter dem Dach des Hauses Nr. 24 gestaltet, die auf eine mittelalterliche Vorlage zurückgeht.

Der »Kallendresser« am Alter Markt Nr. 24 verrichtet seine Notdurft in der Regenrinne

Der Alter Markt, der seit dem 12. Jahrhundert besteht, ist einer der wenigen Plätze Kölns, die zum Verweilen einladen, vor allem durch sein üppiges Angebot an Außengastronomie. Hier steht der **Jan-von-Werth-Brunnen**, dessen Figurenschmuck die unglückliche Liebesgeschichte von Johann von Werth, einem Reitergeneral aus dem Dreißigjährigen Krieg, und der Magd Griet erzählt. Ihr Höhepunkt wird jedes Jahr an Weiberfastnacht am Severinstor nachgespielt. Danach ziehen die Protagonisten mit einem Narrenzug über die Severinstraße in die Altstadt.

Gleich zwei Brauhäuser liegen an diesem Platz. An der Ecke zur Mühlengasse ist **Peters Brauhaus** angesiedelt. Nicht alle, die Kölsch mögen, lieben Petersbräu aus Monheim, doch der schöne Raum und die gute Küche machen das wett. Das **Brauhaus Zum Prinzen** ist das älteste Haus am Alter Markt und wird von der Gaffelbrauerei betrieben.

Neben dem Ratsturm führt eine kleine Treppe zum **Rathausplatz** ➡ F9, wo sofort die prächtige **Renais-**

»Drink doch ene mit ...«: Brauhaus »Früh am Dom«

Das einzig Wahre: Kölsch und Brauhaus

Kölsch ist ein Bier und eine Sprache, also in beiden Fällen mundgerecht und flüssig. Es kommt selten vor, dass Trinken und Reden, Getränk und Gespräch namentlich so unzertrennlich sind, wie man vielleicht am besten in einem der vielen kölschen Brauhäuser erleben kann. Der *Zappes* steht am Hahn, der *Köbes* serviert das Kölner Nationalgetränk. Dieser ist traditionell nicht übermäßig freundlich und bekannt dafür, dass er nicht auf den Mund gefallen ist. Die Gäste werden konsequent geduzt und ihr Verhalten gerne öffentlich kommentiert. Beliebtestes Fettnäpfchen, in das man treten kann: kein Kölsch zu trinken.

Schon bei Tacitus wird das *cervisias* der Germanen erwähnt, das bereits eine Schaumkrone gehabt haben soll. Doch erst seit dem 12. Jahrhundert sind Kölner Brauer bezeugt. Über Met und Gruitbier (Kräuterbier) war es ein langer Weg zum blanken Kölsch, dessen Erfolgsgeschichte erst nach dem Zweiten Weltkrieg begann. Kölsch ist ein helles, obergäriges Bier, das nur in Köln und im Kölner Umland gebraut werden darf. Etwa 20 Marken des als bekömmlich bezeichneten Biers sind auf dem Markt. Es wird – besonders für süddeutsche Besucher ungewöhnlich – in 0,2-Liter-Gläsern (Stangen) ausgeschenkt, die der Köbes statt auf einem Tablett in einem Kölschkranz transportiert, in dem jedes Glas seinen Platz hat.

Zu jedem Brauhaus gehört ein *Beichtstuhl*, so nennt man den hölzernen Einbau, von dem aus alle Bereiche der Wirtschaft gut überblickt werden können. Er wird auch *Thekenschaaf* oder *Kontörchen* genannt. Darin hatte der Wirt seinen Platz und kontrollierte die Bierausgabe und die Abrechnungen des Köbes.

sancelaube ins Auge sticht. Die Halle des ältesten ⑤ **Rathauses** Deutschlands ist auch ohne Führung zugänglich. In der Galerie der Oberbürgermeister hängt das von Gerhard Richter gestaltete Porträt Fritz Schrammas, dessen Amtszeit 2009 endete. Im Obergeschoss liegt der zentrale Tagungs- und Repräsentationssaal, der Hansasaal aus dem 14. Jahrhundert, der nach dem Zweiten Weltkrieg wiederhergestellt wurde.

Der Platz vor dem Rathaus war früher dicht bebaut. Hier lag der römische Statthalterpalast, dessen Fundamente noch im **Praetorium** (Eingang Kleine Budengasse 2) zu besichtigen sind. Als Hauptstadt Niedergermaniens mit rund 20 000 Einwohnern diente es im 3. Jahrhundert als kaiserliche Residenz.

Man vermutet, dass schon seit Ende des 1. Jahrhunderts Juden in Köln ansässig waren. Bis ins 11. Jahrhundert war die Gemeinde stark angewachsen. Das Straßenschild Judengasse weist darauf hin, dass der Rathausplatz Teil des **Jüdischen Viertels** war, an dem z. B. Synagoge, Backhaus, Tanzhaus und Hospital der Gemeinde lagen. Unterbrochen von Pogromen (etwa die sogenannte Judenschlacht 1349) und Zerstörung ihrer Bauten, haben die 50 Kölner jüdischen Familien ihre Synagoge immer wieder auf- und ausgebaut, bis sie 1424 endgültig aus der Stadt getrieben wur-

Moderne Architektur in Deutschlands ältestem Rathaus

den. Die Bauten wurden niedergelegt, die Synagoge kurzerhand durch die Ratskapelle »Maria in Jerusalem« ersetzt. Erst 1956 wurde hier die 16 Meter tiefe **Mikwe** entdeckt, die heute durch ein Glasdach einsehbar und geschützt ist. Das Grundwasserbecken diente der rituellen Reinigung des Körpers und von Gebrauchsgegenständen.

Geplant ist eine **Archäologische Zone,** die die Grabungsstätten verbindet und anhand von Orginalfunden am Orginalschauplatz Einblicke in 2000 Jahre Stadtgeschichte gibt. Aufgrund von Finanzierungslücken verzögern sich jedoch die Arbeiten. Wann über der Zone das dort vorgesehene – und umstrittene – Haus und Museum der jüdischen Kultur entstehen wird, ist zurzeit nicht abzusehen.

An der Ecke gegenüber vom Gülichplatz hat das Stammhaus der Firma **Farina** ➡ F9 seinen Sitz. Johann Baptist Farina unterhielt hier ein Geschäft für französische Luxuswaren. 1714 trat sein Bruder Johann Maria Farina in das Unternehmen ein. Er war Parfumeur und kannte die Feinheiten zur Herstellung feinster Duftwasser, damals *aqua mirabilis* genannt. Weil er im stinkenden Köln die wunderbaren Aromen seiner italienischen Heimat vermisste, entwickelte er sein *Farina aqua mirabilis*, das nach seinen Aussagen den »frischen Duft eines

Die Mikwe gehörte zu einer der ältesten und bedeutendsten Siedlungen von Juden auf deutschem Boden

»Die trauernden Eltern« von Käthe Kollwitz in den Ruinen der Kirche Alt St. Alban gleich neben dem Gürzenich (links) und Stefan Lochners »Muttergottes in der Rosen-laube« (um 1440–42) im Wallraf-Richartz-Museum

italienischen Morgens« hat. Nach dem Produktionsort wurde es bald »Farina Eau de Cologne« genannt. Vor allem wenn Kölnisch Wasser eigentlich nicht Ihre Sache ist, sollten Sie den olfaktorischen Zauber Italiens beim Besuch des **Duftmuseums** probieren.

Nur ein paar Meter weiter befindet sich in einem Museumsneubau von Oswald Mathias Ungers das älteste Museum der Stadt, das 1861 eröffnet wurde. Bei den Ausschachtungsarbeiten für das neue ❻ **Wallraf-Richartz-Museum & Fondation Corboud** ➡ F9 wurden Teile einer römischen Tempelanlage sowie ein mittelalterliches Kellergewölbe entdeckt. Die Bauaufgabe für die umfangreiche Sammlung mittelalterlicher Kunst, von Barockbildern und Werken der Romantik und des Impressionismus sah die Einbeziehung der Kriegsruine von **St. Alban** vor. Als Mahnmal für den Frieden findet man darin die nach einem Entwurf von Käthe Kollwitz gefertigte Skulptur »Die trauernden Eltern«. Nach Kriegszerstörungen wurde der ✦ **Gürzenich** von den renommierten Architekten Karl Band und Rudolf Schwarz wiedererrichtet. Er ist ein hervorragendes Beispiel für die Architektur der 1950er Jahre.

Die Bolzengasse führt Richtung Heumarkt, von dem die Faßbindergasse auf den Eisenmarkt mündet. Im 1802 gegründeten **Hänneschen Theater** ➡ F10 sind die Darsteller Stockpuppen und die Aufführungen finden in kölscher Mundart statt. Erzählt wird eine ewige Geschichte von der mythischen Ortschaft Knollendorf und deren Personal. Hänneschen und Bärbelchen, Tünnes und Schäl, der stotternde Speimanes oder der Schutz-

Kölner Altstadt-Panorama, von links: Groß St. Martin, Ratsturm, Museum Ludwig und Dom

mann Schnäutzerkowsky. Die Puppenspiele der Stadt Köln zeigen Stücke für Erwachsene und Kinder und führen zu Karneval eine eigene Puppensitzung durch, die schon frühzeitig ausverkauft ist.

Vielleicht machen Sie noch einen kleinen Abstecher zum Rhein. Hier steht gleich neben der Auffahrt zur Deutzer Brücke der **Kölner Pegel** ➜ F10. Ein Schwimmkörper im Turm misst den Wasserstand. Während 3,48 Meter ein durchschnittlicher Wert ist, liegt bei 6,2 Meter die untere Hochwassermarke. Ab zehn Meter läuft das Wasser in die Altstadt hinein.

Wenn Sie vom Wasser genug haben, nehmen Sie den Weg quer über den **Heumarkt** ➜ F/G 9/10, der durch die Rampe der Deutzer Brücke jeglichen Charme verloren hat. Im Zentrum steht heute das Reiterdenkmal von Friedrich Wilhelm III., das 1878 als Referenz an die damalige preußische Regierung aufgestellt wurde. 16 überlegensgroße Sockelfiguren zeigen Alexander und Wilhelm von Humboldt, den Dichter Ernst Moritz Arndt, Friedrich Graf zu Solms-Laubach, erster Regierungspräsident Kölns, sowie die üblichen Repräsentanten von Preußens Glanz und Gloria. Interessant sind vor allem die Relieftafeln mit ihrem Who's who der Prominenz aus Wissenschaft, Handel, Industrie, bildender Kunst und Musik und – als regionale Besonderheit – der Persönlichkeiten, die sich um den Dombau verdient gemacht haben. Der Krieg hatte das Denkmal zerstört,

Teile der Reliefs und Figuren waren über das Stadtgebiet verteilt. Über Jahrzehnte lag der Pferdehintern im Gras, bis 1985 der Sockel in Beton neu erstellt und schließlich durch eine nachgegossene Reiterfigur ergänzt wurde.

Auf der anderen Seite hat am Malzbüchel die über 150 Jahre alte Familienbrauerei zur **Malzmühle** ➜ G9 ihr Domizil. Bis 1912 stellte sie das »Kochsche Malzextrakt« her und schenkte Malzbier aus. Doch heute steht natürlich das frisch gezapfte Mühlenkölsch im Vordergrund. Das bodenständige Speiseangebot wusste schon Bill Clinton zu schätzen und entschied sich bei seinem Besuch anlässlich des G-8-Gipfels 1999 in Köln für rheinischen Sauerbraten mit Klößen. Die Malzmühle verfügt im Inneren über ein besonders schönes Exemplar eines »Beichtstuhls« (vgl. S. 24).

Karneval

Mit dem Karneval wird der Winter vertrieben. Aus römischen Festen und heidnischem Brauchtum mit Ausschweifungen und Mummenschanz entwickelte sich die »Fastnacht«, die Zeit vor dem Fasten. Anfang des 19. Jahrhunderts fand der Kölner Karneval zu zivilisierteren Formen, festgeschrieben durch das 1823 gegründete »Festordnende Komitee«, das den offiziellen Karneval bis heute regelt. Doch die Ausgelassenheit der »Tollen Tage« findet neben Traditionsvereinen und Sitzungen auch andere Ausdrucksformen. Es gibt Nachfolger der Lumpenbälle der 1920er Jahre und kabarettistische Sitzungen – etwa die Stunksitzung, Fatal Banal und die Immisitzung, deren Ensemble aus immigrierten Kölnern besteht, zugewandert aus Brasilien, den USA, der Türkei und aus Franken. Nicht nur an Rosenmontag finden Umzüge statt. Der Geisterzug, bei dem jeder mitmachen kann, schlängelt sich Karnevalssamstag im Dunkeln auf immer neuen Wegen durch die Stadt. Wenn das närrische Treiben auch am Elften im Elften um elf Uhr elf beginnt, bilden die Tage zwischen Weiberfastnacht und Aschermittwoch den Höhepunkt. Die Geschäftstätigkeit Kölns kommt nahezu zum Erliegen, während das Dreigestirn aus Prinz, Bauer und Jungfrau das närrische Regiment führt und Stadt und Volk sich selbst feiern mit dreimal »Kölle Alaaf«.

Kölle Alaaf! »De Lumpemänner« in Kölns fünfter Jahreszeit

Alaaf!

KÖLNER KARNEVAL

Köln, Nordrhein-Westfalen

Köln ohne Karneval – nicht auszudenken. Vom Elften im Elften (11. November), 11.11 Uhr bis zum Beginn der Fastenzeit regiert das Dreigestirn aus Prinz, Bauer und Jungfrau das närrische Volk. Zwischen Weiberfastnacht und Aschermittwoch befindet sich Köln im Ausnahmezustand: Die Geschäfte ruhen, aus Kneipen dröhnt Karnevalsmusik und Gruppen von Jecken stapfen auch bei schlechtestem Wetter verkleidet durch Kölns Straßen.

Der Kölner Karneval ist ein derber Spaß. Wer erfolgreich mitmachen will, muss sich der ungehemmten Ausgelassenheit hingeben können. Auch wenn man Karneval nicht mag – man sollte zumindest einmal dabei gewesen sein: am Donnerstag (Weiberfastnacht) zur Eröffnung des Straßenkarnevals in der Alt- oder Südstadt oder am Sonntag zu den Schull- und Veedelszöch (Kölner Schulen und Stadtteilgruppen) oder zum großen Rosenmontagsumzug in der Kölner Innenstadt. Ein alternativer Karnevalsumzug ist der Geisterzug am Abend des Karnevalssamstag, bei dem jeder mitlaufen kann. Er findet jedes Jahr in einem anderen Stadtviertel statt.

Eine letzte Chance bietet sich dann noch am Dienstag zu den Stadtteilumzügen und am Abend zur Nubbelverbrennung um 24 Uhr, wenn eine bekleidete Strohpuppe, die als Sündenbock des rheinischen Karnevals herhalten muss, feierlich verbrannt wird. Und am Aschermittwoch ist dann alles vorbei.

Vielleicht besuchen Sie während der Session eine Prunksitzung, die das traditionelle Ritual der guten Laune feiert, oder aber die Stunksitzung, die den offiziellen Karneval aufs Korn nimmt.

Um voll im Geschehen mitmischen zu können, sollte man sich zuvor mit den karnevalistischen Gebräuchen vertraut machen. Beim Karnevalsumzug ruft man neben Alaaf nach Kamelle, um Bonbons zu bekommen, oder nach Strüssjer, um eines der heiß begehrten Blumensträußchen zu ergattern. Es wird geschunkelt und selbst Wildfremde werden gebützt (geküsst).

Verkleidung ist natürlich Pflicht. Mit einem oder mehreren passenden karnevalistischen Outfits versorgen Sie sich am besten in einem der zahlreichen einschlägigen Geschäfte wie Karnevalswierts, Deiters oder Deko-Festartikel Schmitt. Hier erhalten Sie ganzjährig Kostüme, Accessoires und Theaterschminke, Masken und Perücken – eben die volle Palette fürs jecke Treiben.

INFO KÖLNER KARNEVAL: Einen ausführlichen Termin-Festkalender gibt KölnTourismus jeweils im November für die folgende Session heraus.

Funkemariechen der Roten Funken Köln »Kölsche Funke rut-wieß vun 1823«.

Urbane Vielfalt zwischen Hohe Straße und Hahnentor

Museum für Angewandte Kunst – Minoritenkirche – Kolumba-Kunstmuseum – Dischhaus – Opernhaus – 4711-Haus – Breite Straße – Zeughaus – EL-DE-Haus – St. Maria in der Kupfergasse – Römerturm – Kreishausgalerie – St. Aposteln – Rudolfplatz und Hahnentor.

Dank der vielen Möglichkeiten zur Innenbesichtigung empfiehlt sich diese Innenstadttour auch bei schlechtem Wetter.

Am Wallrafplatz beginnt die **Hohe Straße**, eine der wichtigsten und meistfrequentierten Einkaufsstraßen der Stadt und zugleich die erste Straße Kölns, der Cardo Maximus, die Hauptorientierungsachse aus der Römerzeit. Das **Museum für Angewandte Kunst Köln** ➡ F9 ist heute in einem von Rudolf Schwarz und Joseph Bernhard 1953–57 für das Wallraf-Richartz-Museum errichteten Neubau untergebracht, der das erste Museum von 1855–61 an der Stelle des Franziskanerklosters ersetzte. Der schöne Hof mit Resten des Kreuzgangs dient heute dem Museumscafé als Außengastronomie. Zu dem Komplex gehört noch die gotische **Minoritenkirche**.

Die Kolumbastraße führt zum ❼ **Kolumba – Kunstmuseum des Erzbistums** ➡ F9, das der Schweizer Stararchitekt Peter Zumthor geschaffen hat. Es schließt römische Ausgrabungen, die Ruine der **Kirche St. Kolumba**, die bis zu ihrer Zerstörung im Zweiten Weltkrieg eine

Museum für Angewandte Kunst: Blick zum Treppenaufgang mit der Brunnenfayence »Delphinreiter« (1915)

Das MAKK ist das einzige Museum seiner Art in Nordrhein-Westfalen

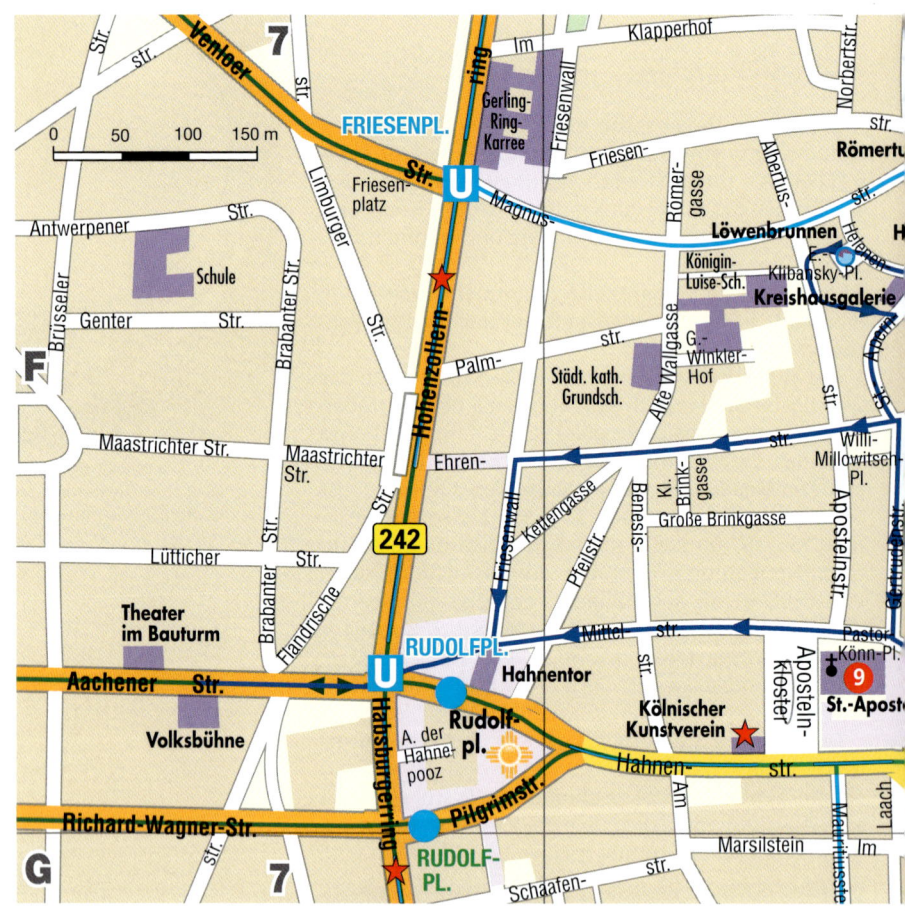

der größten Pfarrkirchen war, und die von Gottfried Böhm in den 1950er Jahren errichtete Kapelle »Madonna in den Trümmern« ein. Im 2007 eröffneten »Museum der Nachdenklichkeit« werden alte und zeitgenössische Kunst einander gegenübergestellt. Jedes Jahr im September findet ein Wechsel statt, der den Kunstbestand neu präsentiert – ein außergewöhnliches Konzept in einem wirklich außergewöhnlichen Gebäude.

Gegenüber der Brückenstraße liegt das 1929 im Stil der Neuen Sachlichkeit erbaute **Dischhaus** des Architekten Bruno Paul. Das Verwaltungsgebäude mit dem

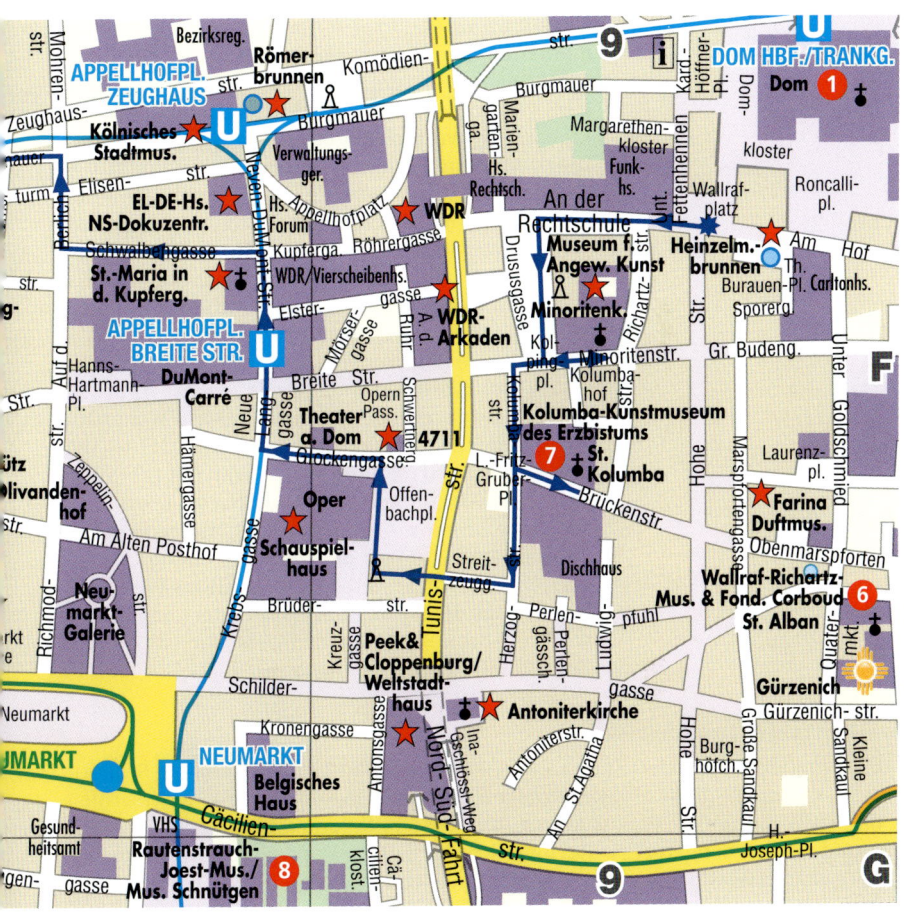

sehenswerten Treppenhaus beherbergt heute ein Manufactum-Warenhaus. Überquert man die Tunisstraße, liegt links der **Offenbachplatz** mit dem 1957 eröffneten **Opernhaus** ➙F8/9. Nachdem man die alte Oper am Rudolfplatz aufgrund von Kriegsschäden aufgegeben hatte, fand der Neubau von Wilhelm Riphahn seinen Platz auf dem ehemaligen Gelände der Synagoge Glockengasse, die in der Reichspogromnacht 1938 zerstört worden war. Im Volksmund wird er gern als »Grabmal des unbekannten Intendanten« oder ähnlich uncharmant betitelt. Manche bezeichnen Platz und

Gebäude als Schandmal, für andere ist es ein Highlight modernen Bühnenbaus, das von der Stadt über Jahre vernachlässigt wurde. Seit 2013 wird das denkmalgeschützte Ensemble, zu dem auch das ebenfalls von Riphahn entworfene **Schauspielhaus** gehört, saniert. Durch Abstimmungsquerelen und Baumängel hat sich der ursprüngliche Fertigstellungstermin verschoben und ist nun für 2023 geplant. Bis dahin fungiert das Staatenhaus am Rheinpark als Spielstätte für die Oper, Schauspielaufführungen finden im Depot 1 und 2 sowie in der Grotte des Carlswerks statt. An die jüdische Vergangenheit des Ortes erinnert an der Fassade zur Glockengasse eine Gedenktafel.

Von hier aus blickt man direkt auf das **4711-Haus** ➡ F9. Es trägt seinen Namen nach der Hausnummer, die es in der Zeit der Franzosenherrschaft (1794–1814) erhielt. Die Besatzer beförderten Köln mit zahlreichen Reformen vom Mittelalter in die Neuzeit. Die Beleuchtung der Straßen bei Dunkelheit, die regelmäßige Straßenreinigung und die Durchnummerierung aller Häuser der Stadt gehörten dazu. An dem neugotischen Stammhaus der Firma Mülhens erinnert das Glockenspiel zu jeder vollen Stunde mit der Marseillaise an die Entstehung des Markennamens.

4711 – Echt Kölnisch Wasser

Die Legende besagt, dass Kaufmann Wilhelm Mülhens 1792 die geheime Rezeptur eines »aqua mirabilis« als Hochzeitsgeschenk von einem Kartäusermönch erhielt. Bald darauf gründete er eine Manufaktur zur Herstellung dieses Wassers, das aufgrund der belebenden Wirkung, innerlich und äußerlich anwendbar, »aqua mirabilis« genannt wurde. Vor allem die Linderung von Herzklopfen und Kopfschmerzen versprach der »Wasserzettel«, der dem Fläschchen beilag.

Die genaue Rezeptur ist bis heute geheim, die Hauptbestandteile sind jedoch ätherische Öle, Zitrusfrüchte, Rosmarin, Lavendel und natürlich reiner Alkohol.

Im späten 18. Jahrhundert erlebte das Eau de Cologne seinen Aufschwung. Das Haus Mülhens wurde Hoflieferant, zahlreiche Prominente wie Wagner und Goethe bezogen ihr Wässerchen in Köln. Auch heute ist der Erfolg ungebrochen – das »4711 – Echt Kölnisch Wasser« wird in 60 Länder exportiert. Das Stammhaus kann besichtigt werden.

»4711 Echt Kölnisch Wasser«: das »Wunderwasser«, das Köln berühmt machte

4711–Haus in der Glockengasse

Köln, Nordrhein-Westfalen

Sein Ursprung liegt im Jahr 1792, als ein Kartäusermönch dem frisch getrauten Ehepaar Wilhelm Mülhens und Catharina Moers ein Geheimrezept zur Herstellung von Aqua mirabilis, später Eau de Cologne, zum Präsent machte.

In der Klöckergasse in Köln wurde bald eine Fabrik zur Kölnisch-Wasser-Produktion eingerichtet, die bei der fortlaufenden Nummerierung der Häuser unter der französischen Besatzung 1796 die Hausnummer 4711 erhielt. Seit über 200 Jahren steht diese Zahl im Zentrum des grün-goldenen Firmenetiketts, das den Namen des Unternehmens, aber auch den Namen Kölns in der ganzen Welt bekannt gemacht hat.

Kölnisch Wasser war zunächst nur eine Medizin, die gegen allerlei Krankheiten eingesetzt wurde, und erst im Jahr 1810, als Napoleon in einem Dekret die Bekanntgabe aller Heilmittelrezepturen forderte, wurde es als Duft- und Erfrischungswasser deklariert.

Mit der Echtheitsbanderole aus rotem Seidenband und dem Stempelaufdruck »Gott und mein Recht« (Dieu et mon Droit), geprägt in den glänzenden Siegellack, garantierte man, dass das Elixier in der Glockengasse Nummer 4711 hergestellt und abgefüllt worden war.

Sechs Duftkompositionen kreierte Peter Mülhens (1875–1945) in den 1920er Jahren: Tosca, Rheingold, Juchten, Esmeralda, Pro Fur sowie Ciel d'Orado, und um sich diese Extravaganzen leisten zu können, musste man damals noch einen hübschen Teil seines Wochenlohns opfern.

Das geschichtsträchtige Haus in der Glockengasse 4711 bietet dem Besucher im Rahmen von historischen Führungen durch das Duftmuseum Einblick in die interessante Geschichte eines der ältesten Familienbetriebe Kölns, der Marke 4711 und der Parfumherstellung.

Und übrigens: An der Südfront des neugotischen Traditionshauses kann von 9 bis 19 Uhr stündlich das Glockenspiel mit seinen historischen Figuren aus der Reiterszene zu den Klängen der Marseillaise und des Treuen Husaren und weiterer, ständig wechselnder Melodien bewundert werden.

Info: In der Kölner Innenstadt gelegen. **Info 4711-Haus:** Glockengasse 4, 50667 Köln, Tel. (02 21) 27 09 99-11, www.4711.com, Öffnungszeiten Mo–Sa 11–17 Uhr, 50-minütige Führung Sa 13 Uhr, Kosten € 7, Duftseminar Sa 14.30–16 Uhr, Kosten € 38.

Das Dufthaus 4711 in der Glockengasse in Köln.

Leuchtende Kreise: die WDR-Arkaden (1991–96) nahe der Nord-Süd-Fahrt

Löwenbrunnen am Erich-Klibansky-Platz

An das 4711-Haus schließen sich die **Opern Passagen** an, durch die man die Breite Straße erreicht. Die **WDR-Arkaden** ➡ F9 beherbergen nicht nur Geschäfte und ein Fernsehstudio, sondern im oberen Teil auch die Kantine des Senders. Dahinter liegen mit Vierscheibenhaus und Archivhaus weitere Einrichtungen des WDR.

Das **Kölnische Stadtmuseum** ➡ F8 im 1606 fertiggestellten früheren Zeughaus, das durch seine rot-weißen Fensterläden ins Auge sticht, ist von der Neven-DuMont-Straße zu sehen. Davor liegen rechts das Verwaltungsgericht und links das **EL-DE-Haus**, heute eine Gedenkstätte für die Opfer des Nationalsozialismus. 1935–45 diente das Gebäude der Geheimen Staatspolizei (Gestapo) als Zentrale. An den Wänden des hauseigenen Gefängnisses im Keller sind zahlreiche Zeugnisse der Häftlinge erhalten, die über deren Nöte und Ängste Aufschluss geben.

Bevor man in die Schwalbengasse einbiegt, lädt noch **St. Maria in der Kupfergasse** ➡ F8, eine vielbesuchte Wallfahrtskirche, zu einem Besuch ein. In der kleinen Loretto-Kapelle aus dem Jahr 1675 ist das Gnadenbild der Schwarzen Muttergottes ausgestellt. 1715 baute man die Kirche um die bis dahin freistehende Kapelle herum. Schwarz ist die Marienfigur, weil sie die Nöte und Krankheiten der Betenden auf sich genommen hat, sagt die Legende. Woche für Woche werden rund 5000 Kerzen für die Madonna aufgestellt. Am Karnevalssonntag vom Dreigestirn, das um ihren Segen für den Rosenmontag bittet. Und es heißt, auch der FC bringe ihr ein Opfer, wenn der Verein abzusteigen droht.

Über Auf dem Berlich und weiter über die Burgmauer nach links erreicht man den **Römerturm**. Das reich dekorierte Monument aus dem 1. Jahrhundert bildete den nordwestlichen Eckpunkt der römischen Stadtmauer. Der bronzene Stadtgrundriss im Boden hilft bei der Orientierung in der Römerstadt und zeigt an der nächsten Straßenecke mit der Ruine des **Helenenturms** gleich das nächste römische Relikt an.

Die Helenenstraße beschreibt eine Kurve, sodass man den kleinen, versteckten Innenhof nicht sofort sieht. Das Straßenschild verrät seinen Namen: **Erich-Klibansky-Platz** ➡ F8. Hier stand 1919–41 die Jawne, das erste und einzige jüdische Gymnasium im Rheinland; Erich Klibansky war ihr Direktor. Es gelang ihm, 130 seiner Schüler vor den Nazis in Sicherheit zu bringen, doch 1100, darunter er selbst und seine gesamte Familie, wurden deportiert und nahe Minsk umgebracht. Ihre Namen stehen auf den Bronzetafeln des **Löwenbrunnens**. Mehr zur Geschichte der Schule erfährt man in der Dauerausstellung in der Kreishausgalerie, Albertusstraße 26: Lern- und Gedenkort Jawne am Erich-Klibansky-Platz (www.jawne.de).

Gleich neben der Gedenkstätte betritt man den gläsernen Gang der Kreishausgalerie, die zur St.-Apern-Straße führt. Wenige Meter entfernt liegt an der Kreuzung von Ehren- und Apostelnstraße der **Willy-Millowitsch-Platz** ➡ F8, an dem sich das Denkmal des bekannten Volksschauspielers und Theaterpatriarchen Willy Millowitsch befindet. Von hier aus hat man die romanische Kirche ❾ **St. Aposteln** ➡ F8 im Blick, die am nordwestlichen Rand des Neumarkts liegt. Sie beherbergt jeden Januar das Ambientfestival, das mit elektronischer Musik, Klangcollagen und Lichtinszenierungen ein außergewöhnliches (Kirchen-)Raumerlebnis bietet. In der nahen Neumarkt Passage lohnt sich der Besuch des **Käthe Kollwitz Museums**.

Das Kölnische Stadtmuseum mit der Autoskulptur »Goldener Vogel« des Aktionskünstlers HA Schult

Bei schönem Wetter rundet ein Bummel über die junge und bunte **Ehrenstraße** oder die edle und teure **Mittelstraße** den Stadtspaziergang ab. Beide führen in Richtung Hohenzollernring, der mit seinen Restaurants und Bars abends zur belebten Vergnügungsmeile wird.

Schließlich lassen wir diese Tour auf dem ⚜ **Rudolfplatz** ➡ F/G7 ausklingen. Dort steht das Hahnentor, eines von zwölf Toren der acht Kilometer langen Stadtmauer. Richtung Westen schließt sich die Aachener Straße an, an der in Sichtweite die **Volksbühne**, ehemals Millowitsch-Theater, liegt.

Kunst aus China, Korea und Japan ist im Museum für Ostasiatische Kunst zu bewundern

Ein paar Straßenecken weiter lockt der **Aachener Weiher** ➡ F/G6 mit seinem Biergarten. Bei schlechtem Wetter kann man vom hübschen Café des sehenswerten **Museums für Ostasiatische Kunst** auf den Weiher schauen. Ob Sie also verschnaufen oder ins Theater gehen möchten, eine Kölschkneipe, ein Fastfood-Lokal oder internationale Spezialitäten suchen, hier rund um den Rudolfplatz bleibt kein Wunsch offen. ∎

Egal wo man im Viertel ist, zur vollen Stunde sind die Glocken der Agneskirche überall zu hören

Eigelstein und Agnesviertel

Die Ringstraßen markieren die Nahtstelle zwischen Alt- und Neustadt. Am Ebertplatz gehen der Eigelstein, die alte Römerstraße, und die Neusser Straße ineinander über. Südlich des Platzes ist der Bereich zwischen **Eigelsteintorburg** ➡ D9 und Bahnhof traditionell eher kleinbürgerlich, proletarisch geprägt. Der Fotograf Chargesheimer (Carl-Heinz Hargesheimer) hat das dortige Milieu in Bildern festgehalten und Heinrich Böll setzte ihm ein literarisches Denkmal. Inzwischen findet man davon nur noch wenige Spuren. In den einfachen Wohnungen haben sich seit den 1960er Jahren italienisch- und dann vorrangig türkischstämmige Zuwanderer niedergelassen. Ihre vielen Läden und Lokale verleihen dem **Eigelsteinviertel** ➡ D/E9/10 und vor allem der Weidengasse heute ein multikulturelles Flair.

Die Gestaltung des Ebertplatzes im Stil des Brutalismus der 1970er Jahre stieß nicht überall auf Gegenliebe. Nach einer langen Zeit der Ödnis gelang es zivilgesellschaftlichen Initiativen mit Unterstützung der Stadt im Sommer 2018, dem **Ebertplatz** ➡ D9 wieder Leben einzuhauchen. Seitdem der begehbare Brunnen des Künstlers Wolfgang Göddertz erneut Wasser führt, ist er besonders im Sommer tagsüber ein Anziehungspunkt für Familien. Abends treffen sich auf dem Platz Anwohner auf ein Bier oder ein Glas Wein, doch nachts stören mitunter Drogendealer und -käufer die friedliche Atmosphäre.

Das sich nördlich anschließende **Agnesviertel** ➡ C/D9/10 mit Gründerzeitarchitektur und Kölns zweitgrößter Kirche, **St. Agnes** ➡ C9, zählt zu den begehrtesten Wohnorten der Stadt. Der Rhein ist nah und auf dem Weg dorthin spaziert man durch eines der älteren Kölner Villenviertel. An der Riehler Straße, genauer dem **Reichenspergerplatz** ➡ C/D10, liegt das imposante Gebäude des Oberlandesgerichts und in Richtung Kanalstraße erreicht man nicht nur den **Lentpark** ➡ C10 mit Eisstadion und Schwimmbad, sondern inmitten einer großzügigen Grünfläche auch das preußische ✛ **Fort X** ➡ C10.

Westlich der Neusser Straße lockt auf dem **Sudermannplatz** ➡ D9 ein kleiner Markt zum Einkaufen. Dahinter liegt das Bürgerzentrum **Alte Feuerwache**, das

mit vielfältigen Aktivitäten, Lokal und großem Innenhof ein beliebter Veedelstreffpunkt ist. Doch auch wer
es etwas gediegener mag, findet im Agnesviertel mit
seiner großen Auswahl an Bars, Weinlokalen und Restaurants sicher etwas Passendes.

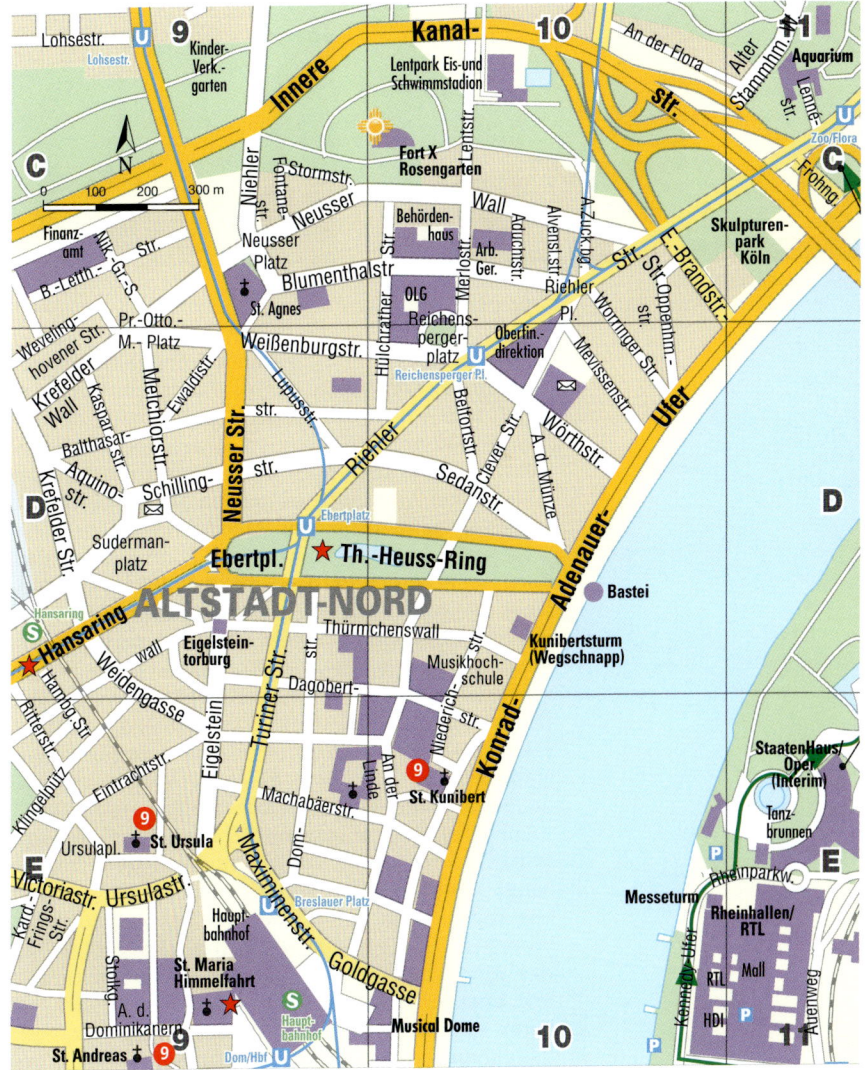

Alte und neue Wahrzeichen:
Leuchtturm und Zentralmoschee

Ein Abstecher nach Ehrenfeld

Der aufstrebende Industriestandort Ehrenfeld mit der Ehrenfelder Glashütte, der Fahrzeugfabrik August Horch und vielen Maschinen- und Stahlbaufirmen wurde 1888 nach Köln eingemeindet. Von der Helios Elektricitäts AG steht noch der **Leuchtturm** ➡ D5 – das Wahrzeichen des Stadtteils – und an der Venloer Straße ist der Verwaltungsbau der Helioswerke erhalten.

Gegenüber, am Bahndamm des Ehrenfelder Bahnhofs, befindet sich der **Gedenkort** ➡ D5 für 24 Menschen, die hier 1944 von der Gestapo öffentlich hingerichtet wurden. Unter ihnen waren Zwangsarbeiter und Jungen aus dem Viertel, die als »Edelweißpiraten« dem Widerstand zugerechnet wurden. Die Erinnerungsstätte fällt hauptsächlich durch die Wandbemalung ins Auge. Ehrenfeld ist ein Zentrum für Urban Art. Es gibt eigene Stadt(teil)führungen, um die Fülle der Murals von internationalen und regionalen Künstlern zu entdecken.

Ehrenfeld steht unter erheblichem Gentrifizierungsdruck. Die alternative Kunst- und Kulturszene, die urbanes Leben in leer stehende Industriebauten gebracht hat, leidet heute besonders unter den Folgen dieses Wandels. Die **Kolbhalle** ➡ D4 (Helmholtzstr. 8–32), eine Mischung aus Wohn- und Atelierräumen, Galerie und Künstlertreffpunkt lässt noch etwas von der früheren Aufbruchsstimmung erahnen. Anders dagegen das ehemalige Gelände der Maschinenfabrik Voss, wo

Balloni ➡ D5 heute Eventräume und einen sehenswerten Laden für Deko und Lifestyleartikel betreibt (Ehrenfeldgürtel 96). Es lohnt sich, durch die kleinen Straßen zwischen Venloer und Subbelrather Straße zu streifen. Man entdeckt dort individuelle, teils überraschende Läden – etwa eine Kaffeerösterei in einem ehemaligen Friseursalon: **Van Dyck** ➡ D6 (Körnerstr. 43).

Typisch für das Viertel ist das Nebeneinander von Menschen verschiedener Herkunft und Religionszugehörigkeit. An der Ottostraße in Neuehrenfeld hat die Jüdische Gemeinde seit 1908 eine größere Liegenschaft, wo heute das **Wohlfahrtszentrum** ➡ C6 steht, und an der Inneren Kanalstraße errichtete die Religionsbehörde DITIB die **Zentralmoschee Köln** ➡ E6. Entworfen wurde sie von Paul Böhm, einem Spross der Kirchenbaumeisterfamilie Böhm.

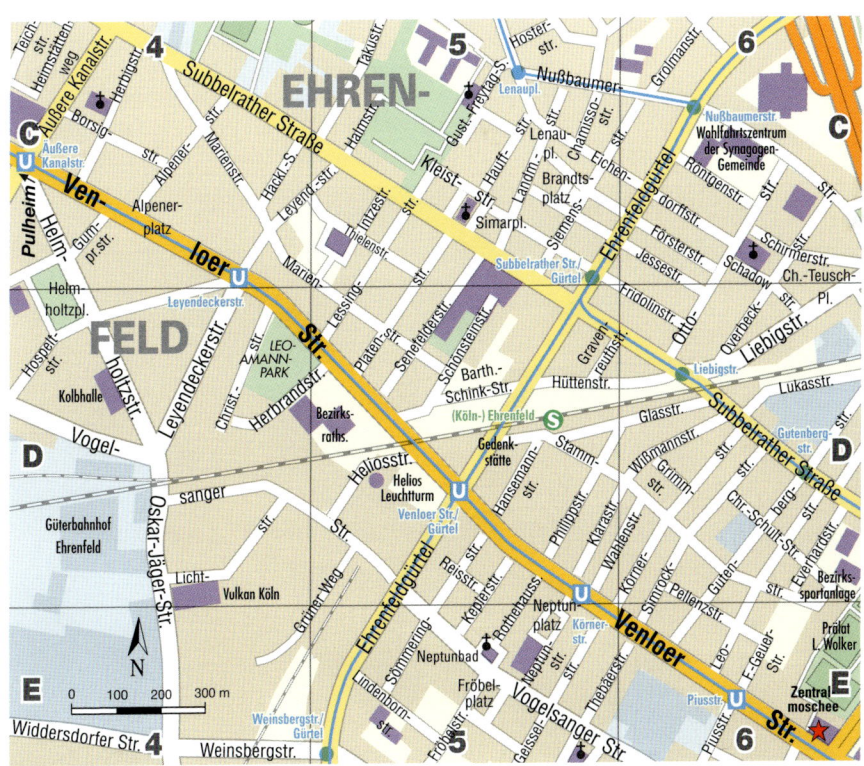

Deutz – ein Besuch auf der »Schäl Sick«

Nicht allein wegen des Blicks auf das linksrheinische Stadtpanorama lohnt ein Gang durch **Deutz** ➜ E–J10–13. *Schäl* steht für schielen oder blinzeln und für schlechtes Ansehen. Tatsache ist, dass im Rechtsrheinischen lange die Barbaren und in der Colonia die zivilisierten Römer lebten. Es gilt zwar längst nicht mehr als Feindesland, wurde aber doch über Jahrhunderte von den Kölnern wie ein Stiefkind behandelt. Man sagt, die Bezeichnung *schäl* gehe auf die Pferde zurück, die auf den Treidelpfaden die Schiffe rheinaufwärts zogen. Um sie vor den reflektierenden Sonnenstrahlen zu schützen, trugen sie auf der dem Wasser zugewandten Seite Augenklappen. Doch diese Mär lässt viele Fragen offen.

Gesichert ist, dass Kaiser Konstantin 310 die erste Rheinbrücke errichten ließ, deren Brückenkopf – ein Kastell für Hunderte römische Legionäre – Köln gegen die Franken sichern sollte. Das Gelände fiel später an den Kölner Erzbischof. Anfang des 11. Jahrhunderts gründete Erzbischof Heribert darauf eine Benediktiner-

Der neu gestaltete Rheinboulevard in Deutz

Die romanische Klosterkirche Alt St. Heribert am Deutzer Rheinufer

abtei. 1230 bekam Deutz die Stadtrechte verliehen und blieb bis zur Eingemeindung 1888 eigenständig. Die Brücke verfiel und die Überquerung des Rheins war nur noch durch eine Fährenverbindung möglich.

Als Zankapfel zwischen rechts- und linksrheinischen Machtansprüchen litt Deutz immer wieder unter Kriegszerstörungen. Nach und nach siedelten sich rechtsrheinisch Wirte und Händler an, darunter viele Juden, denen seit 1424 der Aufenthalt in Köln verboten war. Im 19. Jahrhundert machte Deutz mit zahlreichen Vergnügungsetablissements von sich reden. Sie lockten die Kölner mit Konzerten, Tanz und vor allem Glücksspielen, denn diese waren in der Domstadt untersagt. Doch die Industrialisierung und die Stahlrösser mehrerer Eisenbahnlinien, die sich hier kreuzten, bereiteten dem Vergnügen ein Ende.

»Unser Deutz soll schöner werden«, nach diesem Motto ist der Stadtteil im Aufwind und erfährt seit dem Bau der LANXESS arena und dem Ausbau der Messe weitere große Veränderungen. Aus dem komplett sanierten alten Lufthansa-Gebäude am Deutzer Brückenkopf wurde der **Lanxess Tower** ➡ F10, ein moderner Gebäudekomplex mit Büro- und Gastronomieflächen. Zur Hohenzollernbrücke führt der **Rheinboulevard** und lädt seit 2015 mit seiner großen Freitreppe zum Blick auf das linksrheinische Stadtpanorama ein. Zwischen Kennedy-Ufer und Mindener Straße sind noch Spuren des römischen Kastells zu finden und die neue Bautätigkeit hat weitere Fundstücke der Deutzer Geschichte ans Tageslicht gebracht.

Zwischen Rheinufer und **Alt St. Heribert** ➡ F10 erinnert seit 1930 ein **Kürassierdenkmal** an die preußische Kavalleriekaserne, die hier bis 1919 existierte. Der Kirchbau der früheren Benediktinerabtei dahinter wurde im 17. Jahrhundert errichtet und dient heute der griechisch-orthodoxen Gemeinde als Gottesdienstraum. Der aus dem 12. Jahrhundert stammende Heribertschrein mit den Reliquien des Klostergründers hat mittlerweile in **Neu St. Heribert** ➡ F11, der großen neoromanischen Kirche an der Deutzer Freiheit, seinen Platz gefunden. Sie wird auch »Düxer Dom« genannt. Am **Reischplatz** stand bis zu ihrer Verwüstung am 9. November 1938 die neue Synagoge, nachdem ihr Vorgänger im Zuge des Brückenbaus abgerissen wurde.

Auf der anderen Seite der Deutzer Freiheit führt die Graf-Geßler-Straße zum Von-Sandt-Platz und zeigt Deutz von seiner beschaulichen Seite. 1820 lagen hier die Deutzer Kasematten, die im Zuge der preußischen Umwallung errichtet wurden. In der Kasematten-straße 8 erinnert eine Tafel an den Mitbegründer der sozialdemokratischen Arbeiterbewegung **August Bebel**, der dort am 22. Februar 1840 als Sohn eines preußischen Offiziers zur Welt kam.

Ein Stück neues Deutz repräsentieren die **Constantin Höfe**. Der Büro-, Gewerbe- und Wohnkomplex hat eine Brachfläche geschlossen und mit der drei Höfe einschließenden Anlage einen neuen und attraktiven städtebaulichen Akzent gesetzt. Jenseits der Justinian-straße liegt das **Stadthaus Deutz** und dahinter Kölns **LANXESS arena** ➡ F12, die wegen ihres 76 Meter hohen tragenden Bogens gerne als »Henkelmännchen« bezeichnet wird. Der **Deutzer Bahnhof** ➡ F11 erinnert an den »Deutzer Eisenbahnjammer«, als die Entwicklung zum Verkehrsknotenpunkt das Ende das Amüsierviertels bedeutete. Auf dem **Ottoplatz** vor dem Bahnhof steht ein Denkmal für Nikolaus August Otto, der in Köln den Verbrennungsmotor erfand.

Zu den Gleisen im Deutzer Bahnhof

Das »Henkelmännchen« in Deutz: die LANXESS arena (1996–98 erbaut)

Folgt man schließlich dem Kennedy-Ufer nach Norden, läuft man an den 1920er-Jahre-Messebauten **Rheinhallen** ➡ E10/11 von Adolf Abel vorbei, die heute Sitz des Fernsehsenders RTL sind. Seit 1993 steht an der Rheinuferpromenade das **Messe-Mahnmal**, zum Gedächtnis an die Deportierten, Gefangenen und Ermordeten der NS-Zeit des Kölner Messelagers. Auf dem Messegelände gab es diverse Sektionen für ausländische Gefangene, ein Durchgangslager für Juden, Sinti und Roma und eine Abteilung für politische Häftlinge, in der 1944 auch Konrad Adenauer festgehalten wurde.

Hinter dem **Messeturm** erreicht man Kölns beliebte Open-Air-Bühne, den **Tanzbrunnen**, der in den **Rheinpark** ➡ D/E11 übergeht. 1957 und 1971 fanden hier Bundesgartenschauen statt. Bis zur Mülheimer Brücke erstreckt sich die Parklandschaft. Einige Skulpturen, Brunnen, Beete- und Wegeführung gehen noch auf die Planungen der 1950er Jahre zurück. Neben dem Blütenzauber ist die **Kleinbahn**, die von März bis Oktober durch das Gelände fährt, ein besonderer Anziehungspunkt.

An der **Zoobrücke** liegt die **Claudius Therme**, ein Thermalbad, das sich die römische Badekultur zum Vorbild genommen hat. Außerdem macht hier die **Rheinseilbahn** Station, in der Sie in sechs Minuten von der »Schäl Sick« wieder zurück aufs linksrheinische Ufer schweben können.

Zwischen Mülheim und Deutz erstreckt sich der 40 Hektar große Rheinpark

Blick auf Deutz

Imposantes Dachgewölbe: der Dom von Altenberg

Streifzüge ins Umland
Altenberger Dom

Ab 1133 entstand in mehreren Bauabschnitten das Zisterzienserkloster Altenberg. Den Grundstein zum **Altenberger Dom** ➡ aA4 (auch Bergischer Dom) legte 1259 Graf Adolf IV. von Berg. Den architektonischen Vorgaben des Ordens entsprechend wurde das gotische Bauwerk in einfachen Formen ohne viel Zierrat errichtet. Prächtige Turmbauten waren ebenso verboten wie farbige Figurenfenster.

Die heute berühmten Glasfenster des Doms wurden erst später verziert. Das prächtige Westfenster stellt das Himmlische Jerusalem dar und soll mit 18 mal acht Metern das größte Kirchenfenster nördlich der Alpen sein. Je nach Stand der Sonne taucht es den Dom in herrliches bernsteinfarbenes Licht. Eine weitere Besonderheit: Der Altenberger Dom ist eine von nur drei Simultankirchen in Nordrhein-Westfalen. Es war der preußische König, der 1857 die simultane Mitbenutzung des Doms durch evangelische Christen verfügte.

Doch nicht nur der Dom verlockt die Kölner zu einem Ausflug ins 20 Kilometer nordöstlich der Stadt gelegene Altenberg, das Teil der Gemeinde Odenthal ist. Auch die Natur hat hier einiges zu bieten – am Kloster beginnen zahlreiche Wanderwege durch die Wälder

Westfassade des Altenberger Doms

Zwischen Märchenwald und Kirschwaffeln

ALTENBERGER DOM

Odenthal, Nordrhein-Westfalen

Bei schönem Wetter läuft ein Nachmittagsausflug von Köln ins nahe Altenberg meist auf einen touristischen Dreisprung hinaus: auf eine ungewöhnliche Kirche, erholsame Wälder und Waffeln mit Sauerkirschen und Schlagsahne,

den Höhepunkt der berühmten Bergischen Kaffeetafel. Der Altenberger Dom (auch Bergischer Dom) ist Teil der 1133 errichteten ehemaligen Zisterzienserabtei Altenberg in der Gemeinde Odenthal. Den Grundstein zum Bau der gotischen Kirche legte 1259 Graf Adolf IV. von Berg. Die Architektur entsprach

Das »Altenberger Goldfenster« im Dom von Altenberg.

zunächst den strengen Bauvorschriften der Zisterzienser, die sich einfacher und gerader Formen bedienten – Kirchtürme außer einem Dachreiter, farbige Figurenfenster und Farbschmuck waren verboten.

Die Glasfenster, für die der Dom heute bekannt ist, wurden erst später farbig verziert. Insgesamt sind 54 Fenster mit mittelalterlichen Glasmalereien erhalten, darunter das prächtige, 18 mal acht Meter große Westfenster, das in acht Bahnen eingeteilt ist und auch Altenberger Goldfenster genannt wird. Es soll das größte Kirchenfenster nördlich der Alpen sein.

Die Blattmotive der mittelalterlichen Fenster finden ihre Entsprechung im Dekor der Blattkapitelle am Kreuzrippengewölbe. Beachtenswert ist auch die Altenberger Madonna, die Madonna im Strahlenkranz, die über dem Altar hängt.

Auf Anordnung des preußischen Königs wird die Kirche seit 1857 als Simultankirche,

also gemeinsam von der evangelischen und der römisch-katholischen Gemeinde, genutzt.

Gegenüber, im alten Zisterzienserkloster, das nach historischen Vorbildern restauriert ist, lädt das Gartenrestaurant Altenberger Hof zu einer Rast ein. An der Kirche beginnen auch zahlreiche Rundwanderwege.

Für strahlende Kinderaugen sorgt der pittoreske Märchenwald, in dem klassische Märchenszenen mit lebensgroßen Figuren nachgestellt sind. Im angeschlossenen Restaurant/Café wird seit 1956 noch immer die Wasserorgel angeworfen (Zeiten vgl. Website Märchenwald), die die sogenannten Tanzenden Fontänen erzeugt, beleuchtete Wasserfiguren, untermalt von Musikstücken.

INFO: Der Altenberger Dom liegt ca. 20 km nordöstlich von Köln. **INFO ALTENBERGER DOM:** Eugen-Heinen-Platz 2, 51519 Odenthal, www.altenberger-dom.de, Öffnungszeiten tägl. 8–18 Uhr, Führungen Sa 11 (außer Jan.), So/Fei 12 Uhr (außer Dez.). **INFO ALTENBERGER DOMMUSIK:** www.altenberger-dommusik.de. **INFO MÄRCHENWALD:** Märchenwaldweg 15, Odenthal, Tel. (021 74) 784 23 23, www.maerchenwald-altenberg.de, Öffnungszeiten tägl. März–Okt. 10–19, Nov.–Feb. 10–16 Uhr, Eintritt € 6,50, ermäßigt (3–13 J.) € 4,50.

der Umgebung. Als Krönung dienen Waffeln mit Sauerkirschen und Schlagsahne – *die* Kaffee-und-Kuchen-Spezialität des Bergischen Lands. Für alle, die mehr Hunger haben: Das restaurierte Zisterzienserkloster gegenüber der Kirche beherbergt das Gartenrestaurant **Altenberger Hof**.

Für Kinderfreuden sorgt bereits seit 1931 mit entsprechend nostalgischem Charme der **Märchenwald**, in dem Szenen aus 18 Märchen der Gebrüder Grimm nachgestellt sind. Im angeschlossenen Café sorgen Wasserspiele stündlich für tanzende Fontänen.

Anfahrt: Regionalbahn RE1, RE5 oder S-Bahn S6 bis Haltstelle Bahnhof Leverkusen-Mitte, weiter mit der Buslinie 212 bis Altenberg.

Altenberger Dom ➡ aA4
Eugen-Heinen-Platz 2, 51519 Odenthal
✆ (021 74) 45 33 (vormittags)
www.altenberger-dom.de
Tägl. 8–18 Uhr, Führungen Sa 11 (außer Jan.), So/Fei 12 Uhr (außer Dez.), Spende € 4

Märchenwald Altenberg ➡ aA4
Märchenwaldweg 15, 51519 Odenthal-Altenberg
✆ (021 74) 784 23 23, www.maerchenwald-altenberg.de
Tägl. März–Okt. 10–19, Nov.–Feb. 10–16 Uhr
Eintritt € 6,50/4,50 (3–13 J.), Familienrabatt ab 2 Kinder

Darstellung des Froschkönig im Altenberger Märchenwald

Exklusives Schlosshotel mit Blick auf den Kölner Dom

ALTHOFF GRANDHOTEL
SCHLOSS BENSBERG

Bergisch Gladbach, Nordrhein-Westfalen

Hoch über der Kölner Bucht und mit einem atemberaubenden Blick auf den Kölner Dom liegt eines der schönsten und größten Barockschlösser Europas, in dem das Fünf-Sterne-Grandhotel Schloss Bensberg residiert.

Das Althoff Grandhotel Schloss Bensberg.

Wer eine Oase der Ruhe sucht und dennoch die Nähe der Stadt bevorzugt, sollte dem Hotel einen Besuch abstatten.

1705 wurde das Schloss von Johann Wilhelm II. von der Pfalz – im Rheinischen Jan Wellem genannt – nach den architektonischen Vorbildern von Versailles und Windsor Castle erbaut und diente dem Schlossherrn und seinem Gefolge schon damals als Maison de Retraite – also als Stätte der Erholung.

84 Zimmer, 36 Suiten, drei Restaurants und ein hochwertiger Spa-Bereich auf 1000 Quadratmetern bieten heute dem Gast genussvolle Erholung in stilvollem Ambiente. Die Althoff-Hotelgruppe betreibt das Grandhotel, das zu den »Leading Hotels of the World« zählt.

Kuppelfresken im Treppenhaus, Skulpturen in den Tordurchgängen, Werke von Markus Lüpertz, Georg Baselitz und anderen bedeutenden Künstlern an den Wänden der lichtdurchfluteten Hotelflure – all dies schafft eine exklusive Atmosphäre von stilvollem Luxus. Moderne Opulenz, inspiriert durch Farbe und Motive, schwebte den Designern für Bensberg vor.

Ob in einem der besten Restaurants der Welt, im Gourmetrestaurant Vendôme unter der Leitung des Sternekochs Joachim Wissler, in der Trattoria Enoteca mit ihrer mediterranen Küche oder beim Brunch im Restaurant Jan Wellem – für kulinarische Genüsse ist bestens gesorgt. Im Südflügel befindet sich der 4-Elements-Spa mit Poollandschaft, finnischer und Farblichtsauna, römischem Dampfbad, Fitnesslounge, Behandlungskabinen und Beautyshop. Bestens ausgestattet ist das Haus auch für private Feiern, Hochzeiten und Firmenveranstaltungen.

INFO: Bergisch Gladbach liegt ca. 10 km östlich von Köln. **INFO ALTHOFF GRANDHOTEL SCHLOSS BENSBERG:** Kadettenstraße, 51429 Bergisch Gladbach, Tel. (022 04) 420, www. schlossbensberg.com. Preise auf Anfrage.

Ein Meisterwerk des Rokoko und UNESCO-Weltkulturerbe: Schloss Augustusburg

Brühl

Bei Brühl befinden sich gleich zwei sehenswerte Schlösser, die seit 1984 auch zum UNESCO-Weltkulturerbe gehören. **Schloss Augustusburg** ➡ aC2 diente einst dem Kurfürsten Clemens August von Wittelsbach (1723–61) als Residenz und ab 1949 – bis zum Regierungsumzug von Bonn nach Berlin – dem Bundespräsidenten als Repräsentationssitz. Der zwischen 1725 und 1768 entstandene Bau zählt zu den ersten bedeutenden Schöpfungen des Rokoko in Deutschland. Ab 1728 übernahm der kurbayerische Hofbaumeister François de Cuvilliés die Ausgestaltung und das berühmte **Prunktreppenhaus** wurde von Balthasar Neumann entworfen. Die nach französischem Vorbild angelegte **barocke Gartenanlage** bildet heute den stimmungsvollen Rahmen für Veranstaltungen, während die von Peter Joseph Lenné im Stil eines englischen Landschaftsgartens gestalteten Waldbereiche zu Spaziergängen einladen.

Nur wenige Gehminuten entfernt entwarf Cuvilliés das **Schloss Falkenlust** ➡ aD2/3, das 1729–37 als Jagdschloss und Refugium des Fürsten entstand. Den Ort wählte man aufgrund der hier entlangführenden Flugbahn der Reiher, die als beliebte Beute der Falkenjagd galten. Bei der Rückkehr nach Augustusburg bietet das **Schlosscafé** die Möglichkeit zur fürstlichen Einkehr.

2005 eröffnete unweit des Schlosses Augustusburg das **Max Ernst Museum** ➡ aC/aD2, das sich zum Ziel ge-

SCHLÖSSER AUGUSTUSBURG UND FALKENLUST

Brühl, Nordrhein-Westfalen

D ie Schlösser bei Brühl, seit 1984 UNESCO-Welterbe, kann man bequem an einem Nachmittag besuchen. Schloss Augustusburg, einst das Residenzschloss des Kölner Erzbischofs und Kurfürsten Clemens August I.

aus dem Geschlecht der Wittelsbacher (1723–61), gilt als Meisterwerk des Rokoko. Es wurde 1725 bis 1768 auf den Ruinen einer Wasserburganlage errichtet. Bis zum Umzug nach Berlin diente das Schloss dem Bundespräsidenten als Repräsentationssitz und für Staatsempfänge.

Sehenswert sind vor allem das Treppenhaus von Balthasar Neumann, das den Ruf eines der hinreißendsten Gesamtkunstwerke aus Architektur, Plastik und Malerei in Deutschland genießt, die Porträts der Wittelsbacher und die raffinierte Gartenkunst des nach Versailler Vorbild konzipierten Schlossparks, der heute für die Brühler Schlosskonzerte und andere Veranstaltungen genutzt wird. Und natürlich zum Lustwandeln! Die französisch inspirierte Anlage, von Dominique Girard ab 1728 gestaltet, und der angrenzende Landschaftsgarten, den Peter Joseph Lenné ab 1840 nach englischem Vorbild anlegte, stehen unter Naturschutz.

Von hier aus geht man ein paar Minuten durch das Wäldchen – nur kurz unterbrochen von der Bahntrasse – bis zum Jagdschloss Falkenlust, dem ebenso eleganten wie intimen Refugium des Kurfürsten Clemens August I. Sein Maison de Plaisance entstand 1729 bis 1737 nach den Plänen des kurbayerischen Hofbaumeisters François de Cuvilliés. Dass die Jagdlust die Lebenslust nicht ausschloss, bezeugt u. a., dass Casanova im Jahre 1760 Damen der Kölner Gesellschaft zum Galadiner einlud.

Die kostbar ausgestatteten Innenräume sind vollständig erhalten. Besonders beeindrucken die Kabinette, die bereits Mozart bewunderte.

In den Nebengebäuden können sich Besucher über die Falknerei informieren. Der Ort wurde bewusst gewählt: Clemens August I. frönte der Jagd mit abgerichteten Falken auf Reiher, in deren Flugbahn er dieses Schlösschen erbauen ließ.

INFO: Die beiden Schlösser liegen zwischen Köln (ca. 20 km) und Bonn (ca. 24 km). **INFO SCHLÖSSER BRÜHL:** Schlossstr. 6, 50321 Brühl, Tel. (022 32) 440 00, www. schlossbruehl.de, Öffnungszeiten Schloss Augustusburg und Jagdschloss Falkenlust Di–Fr 9–16, Sa/So/Fei 10–17 Uhr, Dez./Jan. geschl., Kombiticket € 14, ermäßigt € 7, Park ganzjährig ab 8 Uhr bis Sonnenuntergang geöffnet, Eintritt frei.

Schloss Augustusburg bei Brühl.

setzt hat, die Gesamtheit des vielseitigen Schaffens des Dadaisten und Surrealisten (1891–1976) an seinem Geburtsort zu präsentieren. Für das einzigartige Museum wurde das klassizistische Benediktusheim um- und ausgebaut. Dem weißen, u-förmigen Altbau ist ein Glaspavillon angeschlossen, in dem sich der Kassenbereich befindet. Die chronologisch geordnete Dauerausstellung, bestehend aus Skulpturen, Bildern und Grafiken, wird durch zahlreiche Leihgaben ergänzt.

Anreise: Straßenbahnlinie 18 bis Brühl-Mitte oder DB-Zug bis Bahnhof Brühl.

Schloss Augustusburg ➜ aC2
Schlossstr. 6, 50321 Brühl
✆ (022 32) 440 00, www.schlossbruehl.de
Schloss: Di–Fr 9–16, Sa/So 10–17 Uhr, Dez./Jan. geschl., Eintritt € 9/5, Familienkarte € 20
Gärten und Park: tägl. 8 Uhr bis Sonnenuntergang, Eintritt frei

Schloss Falkenlust ➜ aD2/3
Postadresse, Telefon, Website und Öffnungszeiten wie Schloss Augustusburg
Eintritt € 7/4, Familienkarte € 15

Max Ernst Museum Brühl des LVR ➜ aC/aD2
Comesstr. 42/Max-Ernst-Allee 1, 50321 Brühl
✆ (022 32) 57 93-0, https://maxernstmuseum.lvr.de
Tägl. außer Mo 11–17 Uhr
Eintritt € 7/4, bis 18 J. frei

Kombitickets: beide Schlösser € 14/7, mit Max Ernst Museum € 16

Das Jagdschloss Falkenlust vermittelt noch heute einen Eindruck vom Leben am Hof des Kölner Kurfürsten und Erzbischofs Clemens August

MAX ERNST MUSEUM

Brühl, Nordrhein-Westfalen

Kritiker zeitgenössischer Architektur behaupten, moderne Elemente zerstörten die Wirkung alter Gebäude. Sie sollten im Max Ernst Museum in Brühl vorbeischauen, denn hier gehen Alt und Neu eine perfekte Symbiose

Ausstellung zu 70 Schaffensjahren: Max Ernst Museum in Brühl.

ein, als ob nie etwas anders geplant gewesen wäre. Dabei war die Aufgabe gar nicht leicht. Eine dreiflügelige klassizistische Villa, das Benediktusheim aus dem Jahre 1844, sollte mit einem Eingangsbereich versehen werden, um Max Ernst, Brühls berühmtestem Sohn, ein würdiges Denkmal in Form eines Museums zu setzen.

Den Kölner Architekten Thomas Van den Valentyn und Sayed Mohammed Oreyzi gelang das Kunststück, einen Pavillon zu entwerfen, der sich in seiner Transparenz und Leichtigkeit an das bestehende Gebäude anpasst, ohne es zu erschlagen. Die klare, einfache Formensprache des Pavillons findet sich auch im Inneren des Gebäudes wieder und bietet für das Werk des Dadaisten und Surrealisten Max Ernst eine gelungene Kulisse.

Grafiken, Gemälde und Skulpturen des Künstlers sind in einer Dauerausstellung zu sehen. Das Museum verfolgt ein engagiertes Konzept, denn ungefähr alle sechs Monate wird die Ausstellung durch Leihgaben aus anderen Häusern und Exponate aus dem nicht gezeigten Fundus leicht verändert. So lohnt sich auch der mehrmalige Besuch. Das künstlerische Programm wird durch Wechselausstellungen komplettiert. Diese befassen sich mit Max Ernst und seinem historischen Umfeld. Aber auch zeitgenössische Künstler wie Neo Rauch, die in der Tradition von Dadaismus und Surrealismus im Ernstschen Sinne stehen, werden hier präsentiert. Max Ernst hätte sich in seinem repräsentativen Museum sicher sehr wohl gefühlt, denn das Benediktusheim wurde bis 1919 unter dem Namen Brühler Pavillon als Tanzsaal genutzt, in dem auch der Künstler selbst das Tanzbein geschwungen haben soll.

INFO: Brühl liegt ca. 20 km südöstlich von Köln. **INFO MAX ERNST MUSEUM:** Comesstr. 42/Max Ernst Allee 1, 50321 Brühl, Tel. (022 32) 57 93-0, https://maxernstmuseum.lvr. de, Öffnungszeiten Di–So 11–17 Uhr, Eintritt € 7, ermäßigt € 4, bis 18 J. frei.

Solingen

Erzbischof Engelbert von Köln wacht über Schloss Burg; Reiterstatue von Paul Wynand, 1925

Ein beliebtes Ausflugsziel für Kölner ist **Schloss Burg** ➡ nördl. aA4 an der Wupper. Die Ursprünge der mächtigen Burganlage der Grafen von Berg reichen zurück bis ins 12. Jahrhundert. Als das Adelsgeschlecht um 1380 in den Herzogsstand erhoben wurde, wählte es Düsseldorf als neuen Herrschaftssitz. Die Burg wurde zum Schloss für Feiern und Jagdgesellschaften umgebaut. Die heutige Anlage ist weitestgehend eine Rekonstruktion des späten 19. Jahrhunderts, doch die Höhenburg vermittelt auf äußerst lebendige Weise einen Eindruck des ritterlichen Lebens. Zur Freude vieler Besucher erspart ein Sessellift den Aufstieg auf den 90 Meter hohen Burgberg.

Solingen ➡ nördl. aA3/4 ist nicht nur ein Städte-, sondern auch ein Markenname. Seit dem Mittelalter wurden hier Schwerter und Säbel hergestellt, später dann Bestecke und Schneidwerkzeuge aller Art. Alles in der Stadt verweist auf diese lange Tradition, die sich in zahlreichen Unternehmen der Klingenstadt bis heute fortsetzt. An den Bächen errichteten im Spätmittelalter Schmiede und vor allem Schleifer ihre Werkstätten in einfachen Fachwerkhütten, den Kotten. Wie beim Mahlwerk einer Getreidemühle trieb ein Wasserrad den Schleifstein an. Das kann man immer noch in den historischen Kottenanlagen, Wipper- und Balkhauser Kotten, bewundern. Im **LVR Industriemuseum** wird gezeigt, wie sich diese Arbeit im Zuge der Industrialisierung verändert hat.

Für an Industriegeschichte Interessierte lohnt sich der Abstecher zur **Müngstener Brücke** ➡ nördl. aA4. Die mit 107 Metern höchste Eisenbahnbrücke Deutschlands verbindet Solingen und Remscheid seit 1897. Und hier wartet noch eine weitere Attraktion: Ein Fährmann setzt die Gäste mit der Schwebefähre über die Wupper.

Schloss Burg ➡ nördl. aA4
Schlossplatz 2, 42659 Solingen
℡ (02 12) 242 26 26
www.schlossburg.de
Di–Fr 11–18, Sa/So/Fei 10–18 Uhr, Eintritt € 6/3 (3–17 J.)
Die Buslinie 687 pendelt Sa/So 12–19 Uhr stündlich zwischen »Müngstener Brückenpark« und Schloss Burg. ∎

*Wipperkotten in der
Klingenstadt Solingen*

Verwunschene Felsschlucht am Fort VI:
Der Lindenthaler Felsengarten

Der Felsengarten ➜ aB2 liegt im Kölner Stadtteil Lindenthal und ist Teil des Äußeren Grüngürtels.

Im Wallgraben des Forts VI verbirgt sich eine verwunschene Grünanlage, durch die ein Hauch von Mittelgebirgsatmosphäre weht – der Felsengarten. Das malerische Areal versteckt sich im Schatten hoher Bäume und bietet ein ganz spezielles Fleckchen im Kölner Grüngürtel. Der Standort im nördlichen Seitengraben des ehemaligen Forts ermöglichte eine schluchtartige Gestaltung des kleinen Parks, die in der alles andere als gebirgigen Umgebung fast schon exotisch anmutet. So lässt sich zwischen etwa 20 Meter hohen, felsigen Wänden eine für Köln untypische Landschaft mit viel Grün, alpinen Stauden, Felsbrocken und schmalen Pfaden genießen. Einer dieser Pfade führt hinauf auf ein Plateau, das durch Bäume hindurch einen idyllischen Ausblick auf den Decksteiner Weiher freigibt.

Unterwegs im Lindenthaler Felsengarten

REISEBLOG
Köln

Nicht nur in optischer Hinsicht hat der südwestlich der Kölner Altstadt gelegene Felsengarten so einiges zu bieten. Auch ein Blick auf die Entstehungsgeschichte der grünen und zugleich felsigen Oase in der Millionenstadt lohnt sich: Das Fort VI (auch Fort Deckstein genannt) war Teil des 46 Kilometer langen äußeren Festungsrings, den man zur Preußenzeit im 19. Jahrhundert rund um Köln anlegte. Die Anlage diente dem Schutz der Kölner Bevölkerung und war eines von mehreren Preußenforts innerhalb des Verteidigungsrings. Allein das Fort Deckstein beherbergte zu Kriegszeiten 1100 Mann, wobei auf dem gesamten Festungsring zur Hochphase 54 000 Soldaten stationiert waren. Zwischen 1873 und 1876 erbaut war Fort VI als erstes der zwölf großen Kölner Forts vollendet. 1921 wurde die Anlage jedoch bereits zu großen Teilen zurückgebaut, denn gemäß den Abrüstungsverpflichtungen im Versailler Vertrag durften nach dem Ersten Weltkrieg lediglich die seitlichen Wallanlagen und die Kehlkaserne erhalten bleiben.

Ganz in die Bedeutungslosigkeit stürzte das Areal im Stadtteil Lindenthal jedoch nicht. Ab 1923 legten kluge Köpfe den Lindenthaler Felsengarten in den Trümmern der ausrangierten Festung an. Der Anstoß zur Umgestaltung des ehemaligen Festungsrings in eine Grünanlage stammte unter anderem von Kölns damaligem Oberbürgermeister, dem späteren deutschen Bundeskanzler Konrad Adenauer. Dieser setzte sich außerdem dafür ein, dass die historischen Gebäude der geschliffenen Festungsanlage in Teilen für die Nachwelt erhalten blieben. Die Maßnahme hatte noch einen weiteren Vorteil: Die aufwendige und teure Entsorgung der im Wallgraben zwischengelagerten Felstrümmer wurde mit der Realisierung des Parks überflüssig.

Verantwortlich für die Neugestaltung der ehemaligen Festungsanlage war der damalige Gartendirektor der Stadt Fritz Encke. Das kleine Kunstwerk des Gartenbaus geriet allerdings zwischenzeitlich in Vergessenheit und verfiel. Das änderte sich erst im Jahr 2001, als das städtische Grünflächenamt und der Rheinische Verein für Denkmalpflege und Landschaftsschutz die Anlage wachküssten – übrigens mit der Hilfe von Schülern eines Kölner Gymnasiums. ▬

Tipp: Zweimal im Jahr ist das untere Stockwerk der ehemaligen Festungsanlage im Rahmen einer Führung zugänglich, und zwar im Juni zum »Tag des Forts« und im September am »Tag des offenen Denkmals«.

Spuren des Nazi-Schreckensregimes:
Das NS-Dokumentationszentrum

Inmitten des Trubels der Kölner Innenstadt befindet sich das EL-DE-Haus, das sich durch seine Rolle als Dienststelle und Gefängnis der Kölner Gestapo einen unrühmlichen Eintrag in den Geschichtsbüchern sichern konnte. Seit 1988 beschäftigt sich das dort angesiedelte NS-Dokumentationszentrum mit dem Leben in Köln zu Zeiten des Nationalsozialismus. Das Zentrum fungiert als Gedenkstätte, Museum und Forschungseinrichtung zugleich und bietet am Originalschauplatz hochinteressante Informationen zu diesem dunklen Kapitel der deutschen Geschichte.

Ursprünglich war das EL-DE-Haus (die Bezeichnung bezieht sich auf die Initialen des Bauherrn und Kaufmanns Leopold Dahmen) als Wohn- und Geschäftshaus konzipiert worden. 1935 wurde das noch im Bau befindliche Haus jedoch von der Gestapo beschlagnahmt, die hier bis 1945 als Mieter fungierte. Die NS-Behörde zwang Häftlinge zum Bau von zehn Gefängniszellen im Keller und ließ hier auch einen Galgen errichten.

Zunächst waren die Zellen nur zur kürzeren Unterbringung der Inhaftierten für Verhöre vorgesehen, doch die ca. 1800 Wandinschriften bezeugen, dass Zwangsarbeiter, Kriegsgefangene und Widerstandskämpfer hier teils deutlich länger eingesperrt waren. Damit die Schreie der unter anderem mit Totschlägern und Schlagringen misshandelten Gefangenen nicht bis zu den Menschen auf der Straße durchdringen konnten, verlegte man den Verhörraum in den Tiefkeller. In Anbetracht der großflächigen Zerstörungen des Kölner Stadtgebiets im Zweiten Weltkrieg ist es mehr als überraschend, dass das EL-DE-Haus die Kriegsjahre ohne bedeutende Schäden überstand.

In den Fokus der Öffentlichkeit rückte dieser Ort des Nazi-Schreckens erst im Jahr 1979 – unter anderem dadurch, dass ein Fotograf im damaligen Aktenkeller der Stadtverwaltung heimlich die Gefängniszellen mit den Inschriften fotografierte. Außerdem enthüllte ein NS-Prozess, dass die Nationalsozialisten in den hiesigen Kellerräumen Menschen gefangen gehalten hatten. Der daraus erwachsende öffentliche Druck führte zu

REISEBLOG
Köln

EL-DE-Haus
Köln im National...

Eingang zum NS-Dokumentationszentrum

einer Restaurierung des Kellers und der Inschriften. Das wiederum mündete schließlich 1988 in die Eröffnung der NS-Gedenkstätte im EL-DE-Haus.

Das Museum ist vor allem von der Dauerausstellung »Köln im Nationalsozialismus« geprägt, die sich über zwei Etagen ausdehnt. Hier erhält man aus gesellschaftlicher und politischer Perspektive einen tiefen Einblick in das Leben im Köln der NS-Zeit. Der Schwerpunkt liegt dabei auf Themen wie Machtergreifung und Propaganda, Alltag der Menschen, Ermordung der jüdischen Bevölkerung sowie der Sinti und Roma der Stadt. Veranschaulicht wird diese Epoche durch viele Fotos und Dokumente. Die genannten Inschriften in den Zellen sind für Besucher ebenfalls zugänglich. Im Innenhof ist zudem die ehemalige Hinrichtungsstätte zu besichtigen. Hier wurden noch zum Ende des Krieges hin Hunderte Menschen ermordet.

Insgesamt ist damit am Standort eines der am besten erhaltenen Gefängnisse des Naziregimes eine historische Stätte von höchstem Wert entstanden. ▬

NS-Dokumentationszentrum der Stadt Köln ➡ F8/9
Appellhofplatz 23–25, Altstadt-Nord
☎ (02 21) 22 12 63 32
https://museenkoeln.de/ns-dokumentationszentrum
Di–Fr 10–18, Sa/So 11–18, 1. Do im Monat 10–22 Uhr
Eintritt € 4,50/2

*An der Groov kann man herr-
lich spazierengehen*

Urlaubsatmosphäre im Kölner Süden:
Die Zündorfer Groov

*Die Groov ➡ aC3/4
gehört zum Kölner
Stadtteil Zündorf.*

Im Stadtteil Zündorf umspült der Rhein mit der Groov
ein ehemaliges Inselchen, das 1849 mit dem Ufer verbunden wurde und sich dadurch in eine Halbinsel
verwandelte. Der Name »Groov« ist auf das gallische
Wort »grave« zurückzuführen, das sich mit Sand- oder
Kiesbank übersetzen lässt. Eben eine solche trennte
hier früher einen Arm des Rheins vom Hauptstrom. Das
verschaffte Zündorf einen natürlichen Hafen und damit
einhergehend Wohlstand. Bis Mitte des 18. Jahrhunderts wurde das damals noch komplette Eiland zum
Wein- und Weidenanbau genutzt, später als Anleger
für den Handelsverkehr. Ab den 1970ern entwickelte
sich die Groov mit der Entstehung des Yachthafens und
der Befestigung der Binnengewässer zu einer »Freizeit-
insel« mit parkähnlicher Gestaltung. So kann man hier
bis heute dem Großstadttrubel für einige Stunden ent-
fliehen und ländliche Urlaubsatmosphäre samt Dorf-
charme mit Fachwerkhäusern genießen.

Das Landschaftsschutzgebiet kann mit teilweise
jahrhundertealten Bäumen aufwarten, die sich von
den Spazierwegen aus bewundern lassen. Neben der
sehenswerten Rheinauenlandschaft bietet die Groov
mehrere Biergärten und Restaurants zum Einkehren,
Geschäfte mit Snacks rund um den Zündorfer Markt-

platz, eine Minigolfanlage sowie einen Tretbootverleih für Paddelspaß auf einem der zwei Binnenseen. In Letzteren leben – neben Enten, Schwänen und Gänsen – sogar Schildkröten. Abkühlung im Wasser bietet das Zündorfbad. Sehr ansehnliche Sandstrände sind ebenfalls vorhanden, was im Kölner Stadtgebiet eine Rarität darstellt. Das Schwimmen im Rhein sollte man sich wegen der lebensgefährlichen Strömungen jedoch verkneifen.

Neben dem Genießen der Natur rund um die zwei Binnengewässer der Groov ist die Erkundung des historischen Ortskerns zu empfehlen. Hier wird die lange Historie der Halbinsel an den Fachwerkgebäuden sowie sehenswerten Kirchen, Handelshäusern und weiteren malerischen Bauwerken sichtbar. Außerdem beherbergt ein urkundlich erstmals 1380 erwähnter Wehrturm aus dem Mittelalter als Außenstelle des Kölnischen Stadtmuseums wechselnde Ausstellungen zu Geschichte und Kunst.

Nicht zuletzt ist die Zündorfer Groov ein beliebtes Ziel für eine Radtour in den Kölner Süden. Eine gern genutzte Route führt vom zentral gelegenen Rheinpark an den Poller Wiesen vorbei zur Groov. Entspannt erkundet man die Halbinsel. Zur Fortsetzung der Rundtour bietet sich eine Fahrt mit der Fähre an. Das »Krokodil« verbindet die Groov von März bis Oktober mit dem auf der anderen Rheinseite gelegenen Stadtteil Weiß. Wenn die Überfahrt auch nur wenige Minuten dauert, verstärkt sie doch das Urlaubsgefühl und eröffnet schöne Ausblicke über den Rhein. Anschließend geht es zurück gen Norden in Richtung Altstadt. ▬

Tipp: Wer die Zündorfer Groov in relativer Ruhe genießen möchte, sollte sich zumindest bei schönem Wetter unter der Woche auf den Weg in den Kölner Süden begeben. Doch wann auch immer man aufbricht: Die Groov bietet Erholung und Abwechslung für die ganze Familie.

Fähre Weiß–Zündorf Krokodil ➡ aC3
Weißer Leinpfad, Köln Weiß
✆ (022 36) 683 44, www.faehre-koelnkrokodil.de
April–Sept. Mo–Fr 11–19, Sa/So/Fei 10–20 Uhr, März, Okt. Sa/So/Fei 10 Uhr bis Sonnenuntergang, Nov.–Feb. geschl.
Fußgänger einfache Fahrt € 2, Rückfahrkarte € 3
Radfahrer einfache Fahrt € 2,50, Rückfahrkarte € 3,50

Museum Zündorfer Wehrturm ➡ aC3
Hauptstr. 181, Köln Zündorf
✆ (022 03) 575 76 09, www.zuendorfer-wehrturm.de
Während der Ausstellungen Mi, Sa 15–18, So 14–18 Uhr

Gartenidylle am Rhein:
Der Schlosspark Stammheim

*Der Schlosspark Stamm-
heim ➡ aA/aB3 liegt im
Norden von Köln im
Stadtteil Stammheim
am Rhein.
www.schlosspark-
stammheim.koeln*

Hoch oben im Kölner Norden befindet sich unmittelbar am rechten Rheinufer der Schlosspark Stammheim.
Der dreieckige Landschaftsgarten zählt mit seinen
80 000 Quadratmetern Gesamtfläche zu den ältesten
und wichtigsten Exemplaren seiner Gattung im Raum
Köln. In der Region sind derartige Gartenanlagen von
ehemaligen Gutshöfen eine Rarität, da die meisten einer dichteren Bebauung der Stadt zum Opfer gefallen
sind. Umso empfehlenswerter ist eine Erkundung der
malerischen Parkanlage, die eine wechselhafte Geschichte aufweist.

Bereits seit Ende des 1. Jahrhunderts befand sich ein
königlicher Hof in Stammheim. Dieser ging im Jahr 959
in den Besitz der Abtei St. Martin über. Im 12. Jahrhundert wurde das Gebäude dann als Herrenhof für die Rit-
ter und Herren von Stammheim genutzt. Anschließend
folgten mehrfache Besitzerwechsel, ehe der damalige
Bau im 18. Jahrhundert durch ein vom Mülheimer
Stadtbaumeister Johann Georg Leydel entworfenes
Rokokoschloss ersetzt wurde. 1818 schließlich kaufte
Freiherr Frank Egon von Fürstenberg das Gut. Die bis
heute zu bewundernde Gartenanlage wurde in dessen Auftrag zwischen 1829 und 1831 vom bekannten
Gartendirektor Maximilian Friedrich Weyhe im Stil der

*Abstrakte Kunst im Schlosspark
Stammheim*

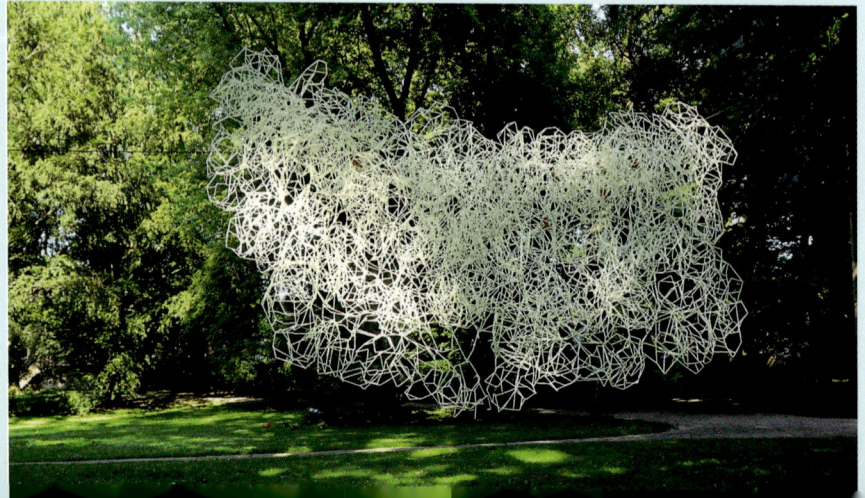

REISEBLOG
Köln

Auch Tierdarstellungen zieren den Park

damals beliebten Englischen Gärten entworfen. Dafür ließ Weyhe einige teils seltene Bäume aufwendig per Kutsche oder Schiff heranbringen.

1928 kaufte die Stadt Köln die Anlage, die jedoch den Zweiten Weltkrieg wie so viele Kölner Orte nicht unbeschadet überstand – das Schloss Stammheim wurde bei einem Luftangriff im Jahr 1944 zerstört. In den Folgejahren erwarb der Pharmakonzern Bayer aus dem angrenzenden Leverkusen das Gelände und ließ das Ulrich-Haberland-Haus bauen. Es diente als Studenten- und Altenheim und steht inzwischen unter Denkmalschutz – und derzeitig leer. 1983 ging das Gelände wieder in den Besitz der Stadt über.

Da das Schloss samt Vorburg und Kapelle nach seiner Zerstörung im Krieg nicht wieder aufgebaut wurde, befindet sich hier nunmehr ein Schlosspark ohne Schloss, was dem ruhigen, grünen Kleinod jedoch keinen Abbruch tut. Attraktive Wege – allen voran die große Allee – laden zum Spazieren ein. Erholung bieten die zahlreichen Parkbänke, wobei jene auf dem künstlich angelegten Hügel im Süden der Anlage mit einem schönen Rheinblick punkten. Ehemals war der Hügel von einer Hecke umgeben, in der eine Lücke Aussicht auf den damals noch im Bau befindlichen Kölner Dom gewährte.

Neben der Gartenkunst und den – teils unter Denkmalschutz stehenden – Baumriesen locken originelle Skulpturen Besucher auf das ehemals royale Gelände. Die Kunstwerke sind Teil der 2002 ins Leben gerufenen Dauerausstellung, die als Projekt der »Initiative Kultur Raum Rechtsrhein KRR« entstand. So wird der historische Park mit neuem Leben gefüllt und das rechtsrheinische Köln um eine spannende Facette bereichert. ▄▄▄

Tipp: An Pfingsten wird das Parkgelände für Sonderausstellungen zu moderner Kunst genutzt.

Streifzug durch ein Kölner Szeneviertel: **Ehrenfeld**

Ehrenfeld liegt im Kölner Westen und ist neben Nippes und Kalk eines der großen Arbeiterquartiere der Stadt. Das In-Viertel kann als eine der ersten »Neu-Heimaten« für italienische Gastarbeiter in den 1950ern bezeichnet werden. Gekachelte Eingänge und Graffiti prägen hier das Straßenbild. Hinzu kommen die für Ehrenfeld typischen schmalen Dreifensterhäuser, deren Entstehung darauf zurückzuführen ist, dass für bis zu 6,28 Meter bzw. 20 Fuß breite Häuser keine Steuerabgaben erhoben wurden. Szenekneipen, kleine Ateliers und Geschäfte sowie eine internationale Atmosphäre durch Zuwanderer aus aller Herren Länder sorgen für Leben auf den Straßen.

Überregional bekannt ist Ehrenfeld unter anderem wegen der häufigen Nennung in der Fernsehshow »Neo Magazin Royale« des Satirikers Jan Böhmermann, die in einem Ehrenfelder Hinterhof produziert wurde. Schon in Böhmermanns Anspielungen wird deutlich: Optisch ist das Viertel in weiten Teilen sicherlich kein Highlight. Die langen Jahre als wichtiger Industriestandort haben Spuren hinterlassen. Die starken Zerstörungen im Zweiten Weltkrieg, denen unter anderem das Rathaus des Stadtteils zum Opfer fiel, waren der Schönheit ebenfalls nicht förderlich. Dennoch erfreut sich die lebhafte Ecke der Domstadt seit Jahren steigender Beliebtheit unter den Einheimischen. Auch für Touristen lohnt sich ein Streifzug.

Die Venloer Straße spielt als lebhafte Hauptmeile des Viertels eine wichtige Rolle. Sie ist gesäumt von Imbissen, Cafés und Geschäften, sodass man sich hier gut treiben lassen kann. Dabei bietet sich ein Abstecher zum 44 Meter hohen Helios Leuchtturm an. Dieser ist das Wahrzeichen Ehrenfelds und an seinem Standort abseits eines Gewässers eine wahre Kuriosität. Der Turm wurde von der im Stadtteil ansässigen Helios AG in einer Seitenstraßen der Venloer Straße (Heliosstr. 2) aus dem Boden gestampft, um die im Unternehmen entwickelte Strahlkraft der Leuchtfeuer für »echte« Leuchttürme an den Küsten dieser Welt zu testen. Leider ist eine Turmbesteigung nicht möglich.

Die wohl wichtigste Sehenswürdigkeit im Viertel ist die Zentralmoschee, die Teil der größten Moscheenanlage in

Interessant: Ehrenfeld war die Heimat des ersten Supermarktes in Europa. Dieser wurde 1957 in den ehemaligen Produktionsstätten der Helios AG eröffnet.

REISEBLOG
Köln

Straßenkunst ist im Szeneviertel weitverbreitet

ganz Deutschland ist. Das Bauwerk ist insbesondere im Inneren mit dem Kuppelsaal ausgesprochen sehenswert und im Rahmen von Führungen zu besichtigen.

Auch das Neptunbad gehört zu den prominenteren Gebäuden von Ehrenfeld. Es sorgte von 1912 bis 1994 als öffentliches Schwimmbad für Badespaß. Seit 2002 wird die Bäderanlage wieder als Wellnessoase mit Saunen, Massagebereich etc. eingesetzt. Die Innenausstattung wurde größtenteils im Jugendstil gehalten.

Eine weitere Ehrenfelder Besonderheit ist »Odonien« – ein Biergarten der außergewöhnlichen Art. Das Gelände ist geschmückt mit originellen Metallskulpturen, Feuerinstallationen, ausrangierten Fahrzeugen, Pflanzen und mehr. Die Kunstwerke mit Industriecharme stammen vom Künstler Otto Rumpf und erinnern an das Set eines Science-Fiction-Films. In den Sommermonaten sorgen Veranstaltungen für Unterhaltung. ▄▄▄

Nicht verpassen: Odonien – Fans von ungewöhnlichen Lokalitäten dürften ihre Freude an diesem speziellen Ort haben. Hier klingen warme Ehrenfelder Abende ganz wunderbar aus.

DITIB-Zentralmoschee ➡ E6
Venloer Str. 160, Köln Ehrenfeld
www.zentralmoschee-koeln.de
Führungen Mi, Fr 15 Uhr

Neptunbad ➡ E5
Neptunplatz 1, Köln Ehrenfeld
✆ (02 21) 71 00 71, www.neptunbad.de
Sauna tägl. 9–24 Uhr, Eintritt ab € 21,50

Odonien ➡ C7
Hornstr. 85, Köln Ehrenfeld
✆ (02 21) 972 70 09
Biergarten Mai–Sept. Do–Sa ab 17, So ab 15 Uhr (wetterabhängig)

Mehr Insidertipps zu Köln und anderen Destinationen finden Sie auf https:// urbanmeanderer.de/

Von den Wettkämpfen im antiken Griechenland über die Olympischen Spiele der Neuzeit führt die Zeitreise im Deutschen Sport & Olympia Museum

Museen, Kirchen, Architektur und andere Sehenswürdigkeiten

Museen

Deutsches Sport & Olympia Museum ➡ G10
Im Zollhafen 1, Innenstadt
☏ (02 21) 336 09-0, www.sportmuseum.de
Tägl. außer Mo 10–18 Uhr, Eintritt € 8/5 Familien € 20
Die Dauerausstellung bietet eine Zeitreise durch 3000 Jahre Sportgeschichte. Ob Olympia, Tour de France, Tennis, Reiten, Formel 1 oder Fußball. Möglichkeiten für eigene sportliche Aktivitäten.

Duftmuseum im Farina-Haus ➡ F9
Obenmarspforten 21, Innenstadt
☏ (02 21) 399 89 94, https://farina.org
Mo–Sa 10–19, So 11–17 Uhr, Besichtigung nur im Rahmen einer Führung möglich, Buchung über Homepage

Die **MuseumsCard** der städtischen Museen gewährt an zwei aufeinanderfolgenden Tagen freien Eintritt in verschiedene Museen, auch Sonderausstellungen: € 18, Familien € 30. Gleichzeitig kann man damit am ersten Tag die öffentlichen Verkehrsmittel im Stadtgebiet nutzen. Erhältlich an den Museumskassen.
   Die **KölnCard** bietet Ermäßigungen in Museen und bei anderen kulturellen Aktivitäten, zahlreiche Vergünstigungen und freie Nutzung des ÖPNV für 24 oder 48 Stunden (vgl. S. 183).

Eintritt € 5, Kostümführungen € 9/7,50 (nur Sa/So), unter 10 J. frei
1709 gegründetes Stammhaus der ältesten Kölnisch-Wasser-Fabrik. In der Belle Étage werden historica Möbel und Flakons, Herstellungsgeschichte, Rezepte und Essenzen aus 300 Jahren Duftkultur präsentiert.

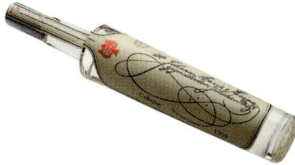

So sieht das erste moderne Parfüm der Welt aus: Farina Eau de Cologne

Käthe Kollwitz Museum Köln ➡ F8
Neumarkt 18–24, Innenstadt
✆ (02 21) 227-26 02/-28 99, www.kollwitz.de
Di–Fr 10–18, Sa/So 11–18 Uhr, Führungen So 15 Uhr
Eintritt € 5/2, unter 6 J. frei
Dauerausstellung: Zeichnungen, Skulpturen, Druckgraphik. Sonderausstellungen von Künstlern, die im Zusammenhang mit Kollwitz stehen (im Obergeschoss der Neumarkt Passage).

Kölner Karnevalsmuseum ➡ westl. E4
Maarweg 134–136, Braunsfeld, U1: Maarweg
✆ (02 21) 574 00 76, www.koelnerkarneval.de/museum
Öffnungstage vgl. Homepage
Eintritt € 6/4, Familienticket € 11
Die Geschichte des karnevalistischen Treibens im Rheinland wird gezeigt: Sitzungskarneval und *Veedelszöch*, das Dreigestirn und traditionelle Kostüme, Karnevalsmusik und die Organisation des Festkomitees, Künstlerbälle und Festwagen.

Kölnisches Stadtmuseum ➡ F8
Zeughausstr. 1–3, Innenstadt
✆ (02 21) 221-223 98

Exponate zur Formel 1 im Deutschen Sport & Olympia Museum

Oldtimer im Kölnischen Stadtmuseum

https://koelnisches-stadtmuseum.de
Tägl. außer Mo 10–17, Di bis 20 Uhr, Führungen u. a.
Sa 14.30, So 11.15 Uhr, Eintritt € 5/3
Ehemaliges **Zeughaus** (1594–1606) und **Alte Wache**
(1840/41); die Exponate zur Stadtgeschichte werden
derzeit nur in Sonderausstellungen präsentiert.

❼ Kolumba – Kunstmuseum des Erzbistums Köln
➡ F9

Kolumbastr. 4, Innenstadt
✆ (02 21) 933 19 30, www.kolumba.de
Tägl. außer Di 12–17 Uhr, Eintritt € 8/5, unter 18 J. frei
Das Kunstmuseum des Erzbistums Köln mit Werken von
der Spätantike bis zur Gegenwart wurde mit diversen
Architekturpreisen ausgezeichnet. Kolumba versteht
sich als Ort individuellen Kunsterlebens und verzich-
tet auf erklärende Texttafeln. Stattdessen erhält jeder
Besucher als Eintrittskarte einen Kurzführer mit einfüh-
renden Texten und einer Auflistung aller ausgestellten
Objekte. Führungen finden prinzipiell außerhalb der
regulären Öffnungszeiten statt. Bei schönem Wetter
lädt der stimmungsvolle Innenhof zu einer Verschnauf-
pause ein.

Museum für Angewandte Kunst Köln ➡ F9
An der Rechtschule 2, Innenstadt
✆ (02 21) 221-238 60
https://makk.de

Einblick in das Kunstmuseum Kolumba

Dreiklang von Ort, Sammlung und Architektur

KOLUMBA: KUNSTMUSEUM DES ERZBISTUMS KÖLN

Köln, Nordrhein-Westfalen

Der Name »Kolumba« des Kunstmuseums des Erzbistums Köln erinnert an den Vorgängerbau auf dem Gelände, die im Zweiten Weltkrieg vollständig zerstörte Kirche der mit rund 10 000 Mitgliedern größten Pfarrgemeinde im mittelalterlichen Köln: St. Kolumba. Eine Kalkstein-Madonna, die wie durch ein Wunder unbeschädigt blieb, wurde rasch als Zeichen der Hoffnung und des Wiederbeginns zu einer Art Schutzheiligen der frommen Kölner. Bereits vier Jahre nach Kriegsende, 1949, errichtete Gottfried Böhm der gotischen Marienstatue zu Ehren in den Ruinen von St. Kolumba die Kapelle der »Madonna in den Trümmern«.

Die zentrale Aufgabenstellung an den Schweizer Architekten des Museumsneubaus, Peter Zumthor, war es, das Trümmerfeld von St. Kolumba, diesen innerstädtischen Hortus conclusus, und die Kapelle von Gottfried Böhm mit dem umliegenden archäologischen Grabungsfeld in den Neubau des erzbischöflichen Diözesanmuseums zu integrieren. Warmgrauer Backstein mit eingebundenen Bauspuren aus dem Mittelalter umschließt den gesamten Kubus aus 17 Ausstellungsräumen, Foyer und Treppen, Grabungsfeld und Kapelle. Mit Werken wie Stefan Lochners »Madonna mit dem Veilchen« aus dem zweiten Viertel des 15. Jahrhunderts, Josef Albers' sonnengelber »Homage to the Square – Yellow« von 1962 oder Jannis Kounellis' »Tragedia Civile« (Bürgerliche Tragödie) von 1975 nimmt der Besucher teil an einem subtilen Dialog profaner und religiöser Kunst.

Die Kapelle der »Madonna in den Trümmern« mit dem »Katharinenfenster« von Georg Meistermann, der Konsolfigur des »Heiligen Antonius, den Fischen predigend« von Ewald

Kolumba – Kunstmuseum des Erzbistums Köln (2007) des Schweizer Architekten Peter Zumthor in der Kolumbastraße.

Mataré und dem Tabernakel von Elisabeth Treskow ist ein Ort ganz privater Besinnung und Ruhe geblieben. Der Zugang erfolgt über einen separaten Eingang.

INFO: In der Innenstadt gelegen. **INFO KOLUMBA – KUNSTMUSEUM DES ERZBISTUMS KÖLN:** Kolumbastr. 4, 50667 Köln, Tel. (02 21) 933 19 30, www.kolumba.de, Öffnungszeiten tägl. außer Di 12–17 Uhr, Eintritt € 8, ermäßigt € 5, unter 18 J. frei.

Ständige Sammlung im Museum für Ostasiatische Kunst am Aachener Weiher

Tägl. außer Mo 11–17 Uhr, Führungen Mi 11, Di, Sa/So 14.30 Uhr, Eintritt inkl. Sonderausstellungen € 8/4
Eine der vier international bedeutenden Sammlungen dieser Art in Deutschland mit mehr als 100 000 Kunstobjekten (Möbel, Keramik, Glas, Textilien und Mode, Geräte, Schmuck, Gemälde); Zeugnisse europäischer Lebens- und Wohnkultur aus allen Bereichen des Kunsthandwerks und des Produktdesigns vom Mittelalter bis zur Gegenwart.

Museum für Ostasiatische Kunst ➔ G6
Universitätsstr. 100, U1, 7: Universitätsstraße
✆ (02 21) 221-286 17
www.museum-fuer-ostasiatische-kunst.de
Tägl. außer Mo 11–17, 1. Do im Monat bis 22 Uhr, Führungen So 12 Uhr
Eintritt ständige Sammlung € 3,50/2
Museumsneubau aus dem Jahr 1977. Ältestes europäisches Museum ausschließlich für ostasiatische Kunst (seit 1913) und die umfangreichste Sammlung in Deutschland zur Kunst Ostasiens. Schwerpunkte: buddhistische Plastik, chinesische Sakralbronzen, Farbholzschnitte, Möbel. Außerdem: **Japanisches Kulturinstitut** (✆ 02 21-940 55 80, www.jki.de), öffentliche Präsenzbibliothek (19 000 Titel) und schönes **Café** mit Blick auf den Aachener Weiher.

Ernst Ludwig Kirchners programmatisches Gemälde »Eine Künstlergemeinschaft« (1926) im Museum Ludwig

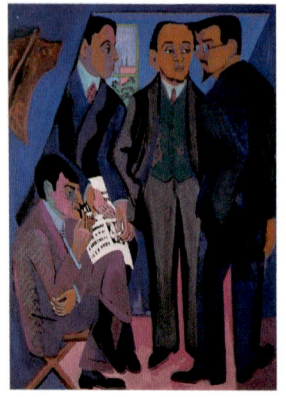

❸ Museum Ludwig ➔ F9/10
Heinrich-Böll-Platz, Innenstadt
✆ (02 21) 221-261 65, www.museum-ludwig.de
Tägl. außer Mo 10–18, 1. Do im Monat bis 22 Uhr (ab 17 Uhr halber Preis), Eintritt € 11/7,50, bis 18 J. frei
Neben Exponaten der deutschen Expressionisten sind Werke der russischen Avantgarde, des Surrealismus und der Pop-Art zu sehen. Rund 900 Picasso-Objekte bilden einen Schwerpunkt der Sammlung, die auf die Kunstmäzene Irene und Peter Ludwig zurückgeht. Das Museum beherbergt eine der bedeutendsten Sammlungen zur Geschichte der Fotografie (Agfa Photo-Historama), die aber nur in Sonderausstellungen präsentiert wird. Das Café-Restaurant **Ludwig im Museum** bietet viele Bio-Produkte aus eigener Erzeugung, großzügige Außengastronomie auf dem Heinrich-Böll-Platz und Sonntagsfrühstück mit Livemusik.

Von der Pop Art bis zur Gegenwart

MUSEUM LUDWIG

Köln, Nordrhein-Westfalen

R oy Lichtensteins »Maybe«, Andy Warhols »Brillo Boxes« oder George Segals »Restaurant Window«, Ikonen der amerikanischen Pop-Art, waren gerade vollendet, als sie 1969 als Leihgabe ins Wallraf-Richartz-Museum einzogen. Die Werke stammen von dem Aachener Schokoladenfabrikanten-Ehepaar Peter und Irene Ludwig, die die größte Pop-Art-Sammlung außerhalb der USA zusammengetragen hatten.

Durch die Schenkung von rund 350 Werken moderner Kunst des Ehepaars Ludwig wurde 1976 das Museum Ludwig gegründet. Neben der Pop-Art gaben die Ludwigs noch eine umfangreiche Sammlung der russischen Avantgarde aus der Zeit von 1906 bis 1930 sowie ein Konvolut von mehreren hundert Arbeiten Pablo Picassos als Dauerleihgabe in das Haus. Auch die moderne

Besucher im Museum Ludwig.

Abteilung des Wallraf-Richartz-Museums mit der Expressionisten-Sammlung und den Arbeiten anderer Vertreter der Klassischen Moderne wurde in das Museum Ludwig integriert. Darunter befinden sich Meisterwerke von Erich Heckel, Karl Schmidt-Rottluff, August Macke, Otto Mueller, Otto Dix, Ernst Ludwig Kirchner und Marc Chagall.

Weitere Sammlungen mit Werken von Willi Baumeister, Max Beckmann, Alexej von Jawlensky, Paul Klee, Oskar Kokoschka, Henri Matisse und Ernst Wilhelm Nay konnten in der Folgezeit als Stiftung, Schenkung oder Leihgabe gewonnen werden.

Das Gebäude zwischen Dom, Rhein und Hauptbahnhof wurde 1986 eröffnet. Es beherbergte zunächst das Wallraf-Richartz-Museum, das Museum Ludwig und die Philharmonie. Im Januar 2001 zog das Wallraf-Richartz-Museum in einen eigenen Bau. Die Kunst des 20. Jahrhunderts und der Gegenwart kann im Museum Ludwig seitdem auf rund 8000 Quadratmetern Ausstellungsfläche gezeigt werden. In den letzten Jahren wurde eine große Anzahl an Werken von Gegenwartskünstlern, die noch nicht in der Sammlung vertreten waren, erworben. Hierbei wurden gezielt einige Arbeiten aus den 1960er und 1970er, aber vor allem aus den 1980er Jahren erstanden, u. a. von Stephan Balkenhol, Erik Bulatov, Grischa Bruskin, Gilbert & George, Stephan von Huene, Hermann Nitsch, On Kawara und Julian Schnabel.

Dem Museum angeschlossen sind das Agfa Photo-Historama, eine der weltweit bedeutendsten Sammlungen zur Geschichte der Fotografie, die Kunst- und Museumsbibliothek und das Filmforum.

INFO: Am Kölner Dom gelegen. **INFO MUSEUM LUDWIG:** Heinrich-Böll-Platz, 50667 Köln, Tel. (02 21) 22 12 61 65, www.museum-ludwig.de, Öffnungszeiten Di–So 10–18, 1. Do im Monat bis 22 Uhr, Eintritt € 11, ermäßigt € 7,50, bis 18 J. frei.

Das Tympanon (um 1160) mit der Kirchenpatronin vom Nordportal der ehemaligen Stiftskirche St. Cäcilien

❽ Museum Schnütgen ➤ G8/9
Cäcilienstr. 29, Innenstadt
☎ (02 21) 221-313 55, www.museum-schnuetgen.de
Tägl. außer Mo 10–18, Do bis 20 Uhr
Eintritt € 6/3,50, Kombiticket (Schnütgen und RJM) € 10/7
Domkapitular Alexander Schnütgen (1843–1918) hat den Grundstein zu diesem Museum gelegt, indem er seine Kunstsammlungen der Stadt Köln vermachte: Sakralkunst vom frühen Mittelalter bis zum 19. Jh. Untergebracht ist es seit 1956 in der romanischen Pfeilerbasilika ❾ **St. Cäcilien** (1130–60). Die kostbaren Holz- und Steinskulpturen, Bronze-, Silber- und Goldschmiedearbeiten, Textilien, Elfenbeinobjekte und Glasmalereien finden seit 2010 zudem Platz in zwei neuen Ausstellungshallen.

Das Museum teilt sich Veranstaltungsräume und das moderne Foyer mit dem Neubau des Rautenstrauch-Joest-Museums und bildet mit ihm und dem VHS-Forum gemeinsam das **Kulturquartier am Neumarkt**.

NS-Dokumentationszentrum EL-DE-Haus ➤ F8
Appellhofplatz 23–25, Innenstadt
☎ (02 21) 221-263 32
https://museenkoeln.de/ns-dokumentationszentrum
Gedenkstätte Di–Fr 10–18, Sa/So 11–18, 1. Do im Monat (außer Fei) 10–22 Uhr
Eintritt € 4,50/2

Acht Propheten aus dem Kölner Rathaus, Köln, um 1430–1440, Museum Schnütgen, Leihgabe der Gebäudewirtschaft der Stadt Köln (links)

Die Dauerausstellung »Köln im Nationalsozialismus« behandelt das politische, gesellschaftliche und soziale Leben Kölns während der NS-Zeit (rechts)

*Konsolbüste mit Parlerwappen,
Kölner Werkstatt der Parler,
um 1390, Museum Schnütgen*

Odysseum: Hier lernen Kinder ab fünf Jahren und Erwachsene die spannende Seite von Naturwissenschaft und Technik auf spielerische Weise kennen

Dauerausstellung, wechselnde Sonderausstellungen, Zentrum zur Erforschung der Geschichte des Nationalsozialismus mit Präsenzbibliothek. Das einstige Gestapogefängnis im Keller ist als Gedenkstätte zugänglich.

Odysseum ➡ aB3
Corintostr. 1, Kalk, U1, 9: Kalk-Post
✆ (02 21) 69 06 81 11, www.odysseum.de
Di–Fr 9–18, Sa/So 10–19 Uhr, in den Schulferien auch Mo
Eintritt € 16/8, Familienpass € 44
Der Abenteuer-Wissenspark bietet auf 5500 m² Experimentierfläche 200 Erlebnisstationen für unterschiedliche Altersstufen. Seine Erlebniswelten laden zu interaktiven Entdeckungen ein, die vom Leben der Dinosaurier bis zum modernen Computer reichen. Dazu ein Außenerlebnisbereich mit Kletterfelsen und Amphitheater.

❽ Rautenstrauch-Joest-Museum – Kulturen der Welt
➡ G8
Cäcilienstr. 29–33, Innenstadt
✆ (02 21) 221-313 56
www.museenkoeln.de/rautenstrauch-joest-museum
Tägl. außer Mo 10–18, Do bis 20, 1. Do im Monat bis 22 Uhr
Eintritt € 7/4,50, Kombiticket (Schnütgen und RJM) € 10/7
Der Mensch in seinen Welten und mit seinen Themen steht auf über drei Etagen und 3600 m² Fläche im Vor-

Der Mensch in seinen Welten

RAUTENSTRAUCH-JOEST-MUSEUM

Köln, Nordrhein-Westfalen

Eines der bedeutenden ethnologischen Museen Deutschlands befindet sich im Zentrum von Köln im Kulturquartier am Neumarkt. Statt die Exponate wie früher nach Ländern und Regionen zu ordnen, stehen jetzt universelle Themen im Mittelpunkt. Der Themenparcours »Der Mensch in seinen Welten« nimmt die Besucher mit auf die Reise zu fremden Kulturen und deren Vielfalt, und das mit modernsten multimedialen Mitteln.

Wie gestalten Menschen in aller Welt ihren Tagesablauf? Was verbindet uns mit ihnen und ihren Lebensentwürfen? Das

Reisspeicher aus Sulawesi im Foyer des Rautenstrauch-Joest-Museums.

Museum zeigt dabei das Gemeinsame und nicht nur die Unterschiede. Weshalb etwa die Maori in Neuseeland Tätowierungen tragen oder was Kleidung generell über den Lebensstil aussagt, wird höchst anschaulich und anhand von vielen Beispielen thematisiert. So wird ein persönlicher Bezug geschaffen, der die Besucher aktiv miteinbezieht – bei einem Thema wie »Vorurteile« kann das durchaus entlarvend sein.

Auch die Historie ist natürlich mit im Boot: Der Blick Europas auf andere Länder und Ethnien wird anhand von Reiseberichten und Kunst sichtbar gemacht. Der Sammler und Geograf Wilhelm Joest (1852–97) steht dabei im Mittelpunkt. Seine Sammlung aus 3400 Objekten bildet den Grundstock des Museums, eine Schenkung seiner Schwester Adele Rautenstrauch an die Stadt Köln.

Anfassen ist häufig erlaubt, vor allem an den vielen Stationen für Kinder, die z.B. verschiedene Gewürze riechen und ein Kamelfell streicheln dürfen. Ein eigenes »JuniorMuseum« zeigt, wie Kinder in verschiedenen Teilen der Erde wohnen.

Ein Highlight ist auch der Themenraum zum Totenkult, der mit weißen Bändern, die dicht von der Decke hängen, den Übergang vom Diesseits zum Jenseits symbolisiert.

Funde aus vielen Ländern der Erde zeugen von Vielfalt und Exotik. Ein im Foyer ausgestellter, prächtig verzierter, elf Meter langer und sieben Meter hoher Reisspeicher aus Indonesien ist das Wahrzeichen des Museums, das 2010 im neuen Haus wiedereröffnet wurde.

Das Ausstellungskonzept hat etliche Preise gewonnen, u.a. den Museumspreis des Europarates (2012). 65000 Objekte und 100000 historische Fotografien sowie eine Fachbibliothek mit 40000 Bänden gehören zur Sammlung des Museums. Längst nicht alles kann ständig gezeigt werden.

INFO: Am Neumarkt in der Innenstadt gelegen. **INFO RAUTENSTRAUCH-JOEST-MUSEUM:** Cäcilienstr. 29–33, 50667 Köln, Tel. (02 21) 22 13 13 56, www.museenkoeln.de/rautenstrauch-joest-museum, Öffnungszeiten tägl. außer Mo 10–18, Do bis 20, 1. Do im Monat bis 22 Uhr, Eintritt € 7, ermäßigt € 4,50, Audioguide € 2.

Spitzenwerk römischer Glaskunst im Römisch-Germanischen Museum: der glockenförmige Diatretbecher

Am stets mit 200 kg frischer Lindt-Schokolade gefüllten Schokoladenbrunnen sind alle Besucher zum Naschen eingeladen

dergrund. Exponate aus unterschiedlichsten Regionen der Erde werden nicht nach geografischen Gesichtspunkten, sondern ihrem Lebenszusammenhang entsprechend präsentiert und inszeniert. Schwerpunkt der Sammlung sind die präkolumbischen Hochkulturen Mittel- und Südamerikas, Indianerkulturen Amerikas, die alten Hochkulturen Südostasiens und Völker der Südsee.

❷ Römisch-Germanisches Museum ➡ F9

Roncalliplatz 4, Innenstadt
✆ (02 21) 221-244 38/-245 90
www.roemisch-germanisches-museum.de
Wegen Sanierung sind vor Ort aktuell nur das Dionysos-Mosaik und das Poblicius-Grabmal zu besichtigen: tägl. außer Mo 10–17 Uhr, Eintritt frei
Teile der Sammlung werden vorübergehend im Belgischen Haus gezeigt: Cäcilienstr. 46, nahe Neumarkt, ✆ (02 21) 221-280 94, tägl. außer Di 10–18 Uhr, Eintritt € 6/3
In den 1970er Jahren über der Fundstelle des berühmten Dionysos-Mosaiks (220–230 n. Chr.) errichtet, zeigt

Es liegt im Rhein wie ein Schiff: das Schokoladenmuseum an der Rheinuferstraße

das RGM Exponate des römischen Alltagslebens, Architekturteile, Porträts und Mosaiken, Bildwerke aus Stein, Bronze und Ton und eine kostbare Sammlung römischer Gläser. Zudem Fundstücke der europäischen und rheinischen Urgeschichte aus Stein-, Bronze- und Eisenzeit.

Schokoladenmuseum ➠ G10
Am Schokoladenmuseum 1 A, Innenstadt
☏ (02 21) 93 18 88-0, www.schokoladenmuseum.de
Tägl. 10–18 Uhr, Jan./Feb. und Nov. Mo geschl.
Eintritt € 12,50/7,50, Familienkarte € 31,50
Diverse Führungen und Verkostungen online buchbar
Museum zur Kulturgeschichte der Schokolade – von Anbau und Ernte der Kakaobohnen über das Kultgetränk der Maya und Azteken zum Luxusgetränk für jedermann. An der gläsernen Schokoladenfabrik kann man zuschauen, wie Tafeln, Figuren und Pralinen hergestellt werden und am Schokobrunnen in flüssiger Form probieren.

Skulpturenpark Köln ➠ C10/11
Elsa-Brandström-Straße, Eingang Riehler Straße
U18: Zoo/Flora
☏ (02 21) 33 66 88 60, www.skulpturenparkkoeln.de
Tägl. April–Sept. 10.30–19, Okt.–März 10.30–17 Uhr
Eintritt frei, Führung 1. So im Monat 15 Uhr, € 8/2, bis 10 J. frei, Treffpunkt: Eingang Riehler Straße
Der Skulpturenpark in einer Parkanlage mit altem Baumbestand wurde 1997 vom Sammlerehepaar Stoffel gegründet. Wechselnde Ausstellungen von Skulp-

Skulptur im Skulpturenpark Köln

*Vincent van Goghs
»Die Zugbrücke« (1888) im
Wallraf-Richartz-Museum*

turen weltberühmter Künstler. Der **Mobile Art Guide**
für internetfähige Mobiltelefone liefert multimediale
Informationen zu jedem Kunstobjekt.

**Tanzmuseum des Deutsches Tanzarchivs Köln/
SK Stiftung Kultur** ➡ D8
Im Mediapark 7, Neustadt-Nord
U12, 15: Christophstraße/Mediapark
℡ (02 21) 88 89 54 00, www.deutsches-tanzarchiv.de
Tägl. außer Mi 14–19 Uhr
Eintritt € 4,50/2, 1. Mo im Monat frei
Seit 1997 existiert das weltweit erste Tanzmuseum, das
auch als Ort der Begegnung mit der Tanzkunst fungiert.

❻ Wallraf-Richartz-Museum & Fondation Corboud
➡ F9
Obenmarspforten 40 (am Kölner Rathaus), Innenstadt
℡ (02 21) 221-211 19, www.wallraf.museum
Tägl. außer Mo 10–18, 1. und 3. Do im Monat bis 22 Uhr
Eintritt € 8/4,50, ständige Sammlung unter 18 J. frei
Im Neubau des Kölner Architekten Oswald Mathias
Ungers präsentiert die Pinakothek die Galerie des Mit-
telalters mit Meisterwerken der Kölner Malerschule
(u. a. Lochners berühmte »Madonna im Rosenhag«),
die Abteilungen Barock (mit Werken von Rembrandt,
Rubens u. a.), das 18./19. Jh. (Deutschlands umfangreichste Sammlung von Impressionisten und Postimpres-
sionisten), die Sammlung Corboud und die Graphische
Sammlung. Mit **Café-Restaurant**.

WALLRAF-RICHARTZ-MUSEUM & FONDATION CORBOUD

Köln, Nordrhein-Westfalen

J uno und Argus«, ein Meisterwerk des wichtigsten flämischen Malers des 17. Jahrhunderts, Peter Paul Rubens, begrüßt den Besucher aus der Tiefe des Saals. Weiteren Szenen der antiken Mythologie und Geschichte (Heemskerck, van Dyck und Jordaens) steht Religiöses wie die vier Tafeln zur Jugend Christi von Pieter Aertsen gegenüber.

Das Wallraf-Richartz-Museum ist eine der großen klassischen Gemäldegalerien Deutschlands. Schwerpunkte der Sammlung sind die Mittelalterabteilung, die einen fast lückenlosen Überblick über die Entwicklung der Kölner Tafelmalerei von 1300 bis 1550 erlaubt, die Barockabteilung, die mit Hauptwerken von Rubens und Rembrandt glänzt, sowie die Abteilung des 19. Jahrhunderts, die neben Gemälden der Romantik, des Realismus und des Impressionismus (u. a. die 2001 überreichte Sammlung des Schweizer Unternehmers Gérard Corboud) auch Skulpturen zeigt.

In den Räumen der Barocksammlung des Wallraf-Richartz-Museums in Köln.

Einblick in die rund 75 000 Blatt zählende Grafische Sammlung kann zu bestimmten Zeiten und nach Vereinbarung genommen werden. Das Museum geht auf die umfangreiche testamentarische Hinterlassenschaft des vielseitig interessierten Gelehrten und Sammlers Ferdinand Franz Wallraf (1748–1824) zurück, die sich ihrerseits vor allem aus Säkularisationsgut speiste. Das Haus war somit die älteste Kölner Ausstellungshalle und zugleich eines der frühesten bürgerlichen Museen Deutschlands. Nach diversen provisorischen Unterbringungen konnte die Sammlung 1861 ihren ersten eigenen Bau beziehen, dessen Errichtung von dem Kölner Kaufmann Johann Heinrich Richartz (1795–1861) finanziell entscheidend gefördert wurde.

Nach der Zerstörung im Zweiten Weltkrieg wurde 1957 ein Neubau eröffnet. Ein wichtiger Zugewinn kam 1968 mit der Sammlung Ludwig (Picasso, Russische Avantgarde, amerikanische Pop-Art). 1986 gab es einen Umzug in die Nähe des Doms. Da das später eigenständige Museum Ludwig stark gewachsen war, zog das Wallraf-Richartz-Museum 2001 in einen nach Plänen des Kölner Architekten Oswald Mathias Ungers errichteten Neubau zwischen Rathaus und Gürzenich.

INFO: In der Innenstadt am Rathaus gelegen. **INFO WALLRAF-RICHARTZ-MUSEUM & FONDATION CORBOUD:** Obenmarspforten 40, 50667 Köln, Tel. (02 21) 22 12 11 19, www. wallraf.museum, Öffnungszeiten Di–So 10–18, 1. und 3. Do im Monat bis 22 Uhr, Eintritt € 8, ermäßigt € 4,50.

Die Antoniterkirche

Kathedrale der Superlative, Wahrzeichen und Mittelpunkt der Rheinmetropole: der Kölner Dom

Kirchen

Antoniterkirche ➡ F9

Schildergasse 57, Innenstadt
✆ (02 21) 92 58 46 15, www.antonitercitykirche.de
Mo–Fr 11–19, Sa 11–17, So 11–17.30 Uhr
Die spätgotische, 1384 geweihte Kirche war Ordenskirche der Antoniter, die sich vornehmlich der Kran-
kenpflege widmeten. 1802 wurde sie nach der Säkularisation das erste protestantische Gotteshaus der Stadt.
Herausragendes Ausstattungstück ist der »Todesengel«
von Ernst Barlach (1938) mit den Gesichtszügen der
Käthe Kollwitz (Zweitguss; der Erstguss für den Dom
von Güstrow wurde im Zweiten Weltkrieg zerstört).
Auch das Kruzifix II über dem Taufbecken und gegenüber die Sitzfigur des »Lehrenden Christus« sind von
Barlach.

❶ Kölner Dom ➡ F9

www.koelner-dom.de
Mo–Sa 10–20, So/Fei 8–20 Uhr
Öffentliche Innenraumführungen über das Domforum
buchbar: ✆ (02 21) 92 58 47 20
Turmbesteigung je nach Jahreszeit 9–16, 17 oder 18
Uhr, € 5/2, Familienkarte € 10, Domschatzkammer
tägl. 10–18 Uhr, € 6/3, Familienkarte € 12, Kombikarte
Schatzkammer und Turmbesteigung € 8/4, Familien € 16
Die Sicherheitsbestimmungen untersagen das Mitfüh-
ren größerer Taschen und Koffer beim Besuch des Doms
Die Grundsteinlegung erfolgte 1248, 1322 die Chor-
weihe, um 1530 der Baustopp. Weiterbau und Voll-
endung 1842–80. Der Dom war noch bei seiner Fer-
tigstellung im 19. Jh. das größte Gebäude der Welt.
Trotz 14 Bombentreffern und zahlreichen Bau- und Ge-
wölbeschäden überstand die Kathedrale den Zweiten
Weltkrieg. 1996 wurde der **Dom St. Peter und Marien** in
die UNESCO-Liste des Weltkulturerbes aufgenommen.
Im Durchschnitt betreten pro Tag 10 000 Besucher den
Kölner Dom.

❾ Groß St. Martin ➡ F9/10

An Groß St. Martin 9, Innenstadt
✆ (02 21) 27 79 47 47
Di–Fr 9–19.30, Sa/So 10–19.30, im Aug. tägl. 10–18 Uhr

Colonia Romanica

ZWÖLF ROMANISCHE KIRCHEN VON KÖLN

Köln, Nordrhein-Westfalen

D er 1985 weitgehend abgeschlossene Wiederaufbau der zwölf romanischen Kirchen in der Kölner Altstadt zählt sicher zu den bedeutendsten Leistungen der städtischen Denkmalpflege Kölns und gipfelte im Jahr der

Romanischen Kirchen. Zusammen mit vereinzelten Rettungsaktionen im Wohnungsbau wurden zumindest punktuell Spuren kölnischer Bautradition gesichert, die nach der Kriegszerstörung durch die Abrissbirnen der Wiederaufbauphase genauso ausgelöscht worden wären wie der größte Teil der Stadt ohnehin.

Das Dekagon von St. Gereon in Köln.

Ein Glücksfall für Köln war die damalige Stadtkonservatorin Hiltrud Kier, die durch resoluten Einsatz ein solches Umdenken nicht nur angestoßen, sondern auch mehrheitsfähig und finanzierbar gemacht hat. Seither leuchtet der prächtige Kranz der romanischen Kirchen zwischen Rhein und Ring, und man kann sich bei einem Rundgang auf eine Folge beeindruckender Architekturerlebnisse gefasst machen.

Die zwölf romanischen Kirchen, alle älter als der 1248 begonnene Dom, waren (mit Ausnahme von St. Maria Lyskirchen) Kloster- und Stiftskirchen. Zu diesen Kirchen zählen: St. Andreas, St. Aposteln, St. Cäcilien, St. Georg, St. Gereon, St. Kunibert, St. Maria im Kapitol, St. Maria Lyskirchen, Groß St. Martin, St. Pantaleon, St. Severin und St. Ursula.

St. Pantaleon gehört zu den schönsten und bedeutendsten Bauten Kölns. Vor allem das Westwerk zählt zu den Höhepunkten ottonischer Architektur. Auch in St. Maria im Kapitol, der größten unter den zwölf romanischen

Altstadtkirchen, begegnet einem wie oftmals in Köln die römische Vergangenheit: Der unzweideutig auf das römische Kapitol anspielende Beiname »in Capitolio« ist zwar erst seit dem 12. Jahrhundert überliefert, doch beruht er auf archäologisch nachgewiesenen Tatsachen. Die im 11. Jahrhundert errichtete ehemalige Damenstiftskirche erhebt sich nämlich über den Fundamenten eines Tempels, der den kapitolinischen Gottheiten Jupiter, Juno und Minerva geweiht war. In mehrfacher Hinsicht ist die sehr anspruchsvolle Architektur, die zu Recht als Schöpfungsbau der rheinischen Romanik gilt, ein Musterbeispiel für die Übertragung von Bedeutungen durch das Aufgreifen bestimmter architektonischer Formen.

St. Gereon galt neben dem Dom von jeher als ranghöchste Kirche der Kölner Erzdiözese. Den Kern der heutigen Kirche bildet ein in seiner Bausubstanz noch deutlich erkennbarer, spätantiker Ovalbau, der im frühen 13. Jahrhundert in jenes überwölbte Dekagon umgewandelt wurde, das innerhalb der mittelalterlichen Architektur nicht nur in Köln ein Unikat darstellt. Der Blick in diese bedeutendste Kuppelwölbung seit der Hagia Sophia in Konstantinopel und vor Brunelleschis Florentiner Domkuppel ist ein beeindruckendes Erlebnis.

INFO: www.romanische-kirchen-koeln.de.

Akzente im Kölner Stadtpanorama: der mächtige Vierungsturm von Groß St. Martin vor den Domtürmen

Vorgängerkirchenbauten entstanden auf den Fundamenten römischer Lagerhallen aus dem 2. Jh., Reste können in der Unterkirche besichtigt werden. Nach einem Stadtbrand wurde die Benediktinerkirche 1150–1240 in der heutigen Form erbaut. Einzige Kölner Kirche, in der Wandmalereien aus dem 19. Jh. erhalten sind. 2009 wurde St. Martin erneut Ordenskirche. Der Kölner Erzbischof übertrug die Basilika der 1975 gegründeten benediktinischen Gemeinschaft Fraternité de Jérusalem.

✥ Kartäuserkirche ➡ H9

Kartäusergasse 7, Altstadt-Süd
U15, 16: Ulrepforte
✆ (02 21) 25 91 38 99, www.kartaeuserkirche-koeln.de
Kartause April–Okt. Mi 13.30–16.30 Uhr
Ordensgründer Bruno wurde 1030 in Köln geboren und baute in Frankreich die Gemeinschaft auf. Erst 1334 entstand die Kölner Niederlassung mit Mönchzellen, Landwirtschaft und einer umfangreichen Bibliothek. Sie wurde 1794 im Zuge der Säkularisation durch die Franzosen aufgehoben. 1922 hat man das einstige Klosterareal der Evangelischen Kirche übergeben.

Reizvoll sind der erhaltene Kreuzgang und die Engel- und Marienkapelle, die 1425/26 als nördliche Anbauten der Klosterkirche entstanden. Die alte Immunitätsmauer lässt erahnen, wie groß der Grundbesitz mit Gemüse-, Obst- und Weingärten für die Eigenversorgung des Klosters war.

Minoritenkirche ➡ F9
Kolpingplatz 5–11, Innenstadt
✆ (02 21) 207 01 48, Mo–Sa 9–17, So 10–17 Uhr
Die einzige noch erhaltene Kirche eines Bettelordens in Köln. Sie gehörte den Franziskanern, auch »Minderbrüder« genannt (lateinisch Minoriten). Der dreischiffige Bau stammt aus dem 13./14. Jh., vom spätgotischen Kreuzgang blieben wenige Bögen erhalten.

❾ St. Andreas ➡ E/F9
Komödienstr. 4, Innenstadt
✆ (02 21) 16 06 60, www.sankt-andreas.de
Mo–Fr 7.30–18, Sa/So 8–18, Krypta tägl. außer Sa 9.30–12 Uhr
Die aus spätromanischen (Langhaus) wie spätgotischen (Chor) Formelementen errichtete Pfarrkirche birgt in der Krypta die Gebeine des Universalgelehrten Albertus Magnus. Seit 1947 vom Dominikanerorden betreut.

Von Markus Lüpertz entworfene Kirchenfenster in St. Andreas

Ausstattung: gotische Wandgemälde aus der Zeit um 1325 mit Darstellungen aus dem Leben Marias; Altartafel der Rosenkranzbruderschaft des Meisters v. St. Severin, um 1510–15; Machabäer-Schrein; Krypta mit römischem Steinsarkophag, in dem sich die Gebeine des hl. Albert oder Albertus Magnus (1200–80) befinden.

Für den Marien- und den Machabäerchor hat der Maler und Bildhauer Markus Lüpertz insgesamt 12 Kirchenfenster entworfen, die 2005–10 eingesetzt wurden.

❾ St. Aposteln ➡ F8
Neumarkt 30, Innenstadt
✆ (02 21) 925 87 60, www.st-aposteln.de
Westwerk tägl. 7–20, Basilika tägl. 10–13 und 14–17 Uhr
Romanische Kirche mit Dreikonchenchor; mit knapp 67 m höchster romanischer Kirchturm der Stadt (in kölscher Mundart: Apostelklotz). Romanisches Taufbecken; aus dem 15.–18. Jh. stammen die 14 Nothelfer, die als Gruppe im Westbau versammelt sind. Statuetten der 12 Apostel aus dem Jahr 1330.

St. Cäcilien
Vgl. Museum Schnütgen, S. 74

❾ St. Georg ➡ G9
Georgsplatz 17, Altstadt-Süd
U3, 4: Severinstraße; U1, 7, 9: Heumarkt
✆ (02 21) 888 81 30, www.georg-koeln.de
Tägl. 8.30–18 Uhr

Den Neumarkt dominiert St. Aposteln

Innenhof von St. Georg

Das Äußere dieser einzigen erhaltenen romanischen Säulenbasilika im Rheinland (Baubeginn 1059) wird vom fast 5 m dicken Westwerk aus Trachytmauern dominiert. Tryptichon von Barthel Bruyn d. J., Gabelkruzifix aus dem frühen 14. Jh., expressionistische Glasfenster von Jan Thorn-Prikker (1868–1932), Professor der Kölner Werkschulen. Im Kreuzgang: Grabstätten der Opfer, die bem Luftangriff auf die Kirche am 2. März 1945 ums Leben kamen.

❾ St. Gereon ➡ E8

St. Gereon – besonders sehenswert ist das Dekagon

Gereonskloster 2, Altstadt-Nord
✆ (02 21) 47 45 07, www.stgereon.de
Vorhalle tägl. 9–18, Kirche Di–Fr 10–12 und 15–17, Sa 10–12 Uhr
Der Legende nach geht der Gründungsbau auf die Initiative Kaiserin Helenas zurück, der Mutter Konstantins d. Gr. Laut Legende ließ sie über den Gräbern des hl. Gereon und weiterer Soldaten der Thebäischen Legion hier eine Kirche erbauen. Skelettfunde – vermutlich eines römischen Gräberfelds – scheinen diesen Ursprung zu bestätigen. Die Kuppel wird mit der Hagia Sophia verglichen. Sehenswert sind das imposante spätstaufische Dekagon, die spätromanische Taufkapelle und die dreischiffige Hallenkrypta mit Fußbodenmosaik (11. Jh.).

Benannt nach dem ehemaligen Bischof von Köln liegt St. Kunibert in der nördlichen Altstadt

St. Kolumba ➡ F9

Kolumbastr. 4, Innenstadt

»Madonna in den Trümmern«, die ehemalige Pfarrkirche aus dem 13./15. Jh., wurde im Zweiten Weltkrieg bis auf die Außenmauern zerstört. Der Marienstatue zu Ehren, die wie ein Wunder erhalten blieb, wurde 1950 in den Trümmern der alten Kirche die heutige Kapelle errichtet. Architekt: Gottfried Böhm; Tabernakelaltar aus Marmor von Elisabeth Treskow, Holzfigur des hl. Antonius von Ewald Mataré (1937), Westfenster von Georg Meistermann (1948). Die Kapelle wurde wie die romanischen Kirchenruinen in den 2007 eröffneten Gebäudekomplex integriert, der das ❼ **Kolumba – Kunstmuseum des Erzbistums Köln** (vgl. S. 70) beherbergt.

❾ St. Kunibert ➡ E10

Kunibertskloster 6, Innenstadt

☎ (02 21) 788 07 50, www.sankt-kunibert.de

Tägl. 10–18 Uhr

Die dreischiffige Gewölbebasilika, das nördliche Pendant zu St. Severin im Süden des linksrheinischen Kölnpanoramas, ist die jüngste und reichste im »Kranz« der 12 großen romanischen Kirchen von Köln (1210–61) und die Grabkirche des hl. Kunibert. Die drei mittleren Fenster des Obergeschosses der Apsis sind unversehrte Originale romanischer Glasmalkunst. In der Krypta findet sich ein Brunnen aus römischer Zeit.

St. Mariä Himmelfahrt ➧ E9
Marzellenstr. 26 (nahe Dom), Innenstadt
✆ (02 21) 13 71 30, tägl. 9–18 Uhr (Vorhalle)
Ehemalige Jesuitenkirche aus dem Frühbarock (Grundsteinlegung 1618) mit reicher Ausstattung. Seit 1773 als Pfarrkirche genutzt und nach Kriegszerstörungen bis 1979 wiederaufgebaut.

❾ St. Maria im Kapitol ➧ G9
Kasinostr. 6, Innenstadt
✆ (02 21) 21 46 15, www.maria-im-kapitol.de
Mo–Sa 9–18, So 11.30–18 Uhr
Einer der bedeutendsten Sakralbauten des Abendlandes und die größte der romanischen Kirchen Kölns. Der Grundriss der Choranlage folgt dem der Geburtskirche in Bethlehem. Außerhalb der Kirche unterhalb der Apsis der Lichhof (»Leichenhof«), der ehemalige Friedhof, und das Dreikönigenpförtchen, durch das der Sage nach um 1164 die Gebeine der Heiligen Drei Könige in die Stadt getragen wurden. Trotz Kriegszerstörungen besitzt die Kirche prächtige Ausstattungsstücke wie zwei Holztüren aus dem 11. Jh., ein gegabeltes Pestkreuz, um 1300 entstanden, einen Renaissancelettner und zwei Grabplatten der Kirchengründerin Plektrudis.

❾ St. Maria Lyskirchen ➧ G10
An Lyskirchen 12, Innenstadt
✆ (02 21) 21 46 15, www.lyskirchen.com
Mo–Sa 10–18, So 10–16 Uhr

Durch das Dreikönigenpförtchen nahe St. Maria im Kapitol soll Erzbischof Rainald von Dassel 1164 die Reliquien der Heiligen Drei Könige als Kriegsbeute nach Köln gebracht haben

Der Name Lyskirchen stammt vermutlich vom Erbauer der Kirche

Eine herausragende Schöpfung ottonischer Sakralbaukunst: das monumentale Westwerk von St. Pantaleon aus dem 10. Jahrhundert

Seerosen-Arrangement in der Kunst-Station Sankt Peter

Die dreischiffige Emporenbasilika ist die kleinste der 12 romanischen Kirchen und die einzige, deren Gewölbemalereien aus dem 13. Jh. weitgehend erhalten sind. Bemerkenswert sind die spätgotische Schiffermadonna und die Weihnachtskrippe der Kirche in Form einer sog. Miljöh-Krippe. Eine alltägliche Straßenszene aus dem Viertel und Figuren von Obdachlosen und Marktleuten, vom Apotheker bis neuerdings zum Junkie bilden den Rahmen für Jesu Geburt.

❾ St. Pantaleon ➡ H8
Am Pantaleonsberg 2, Innenstadt
✆ (02 21) 31 66 55, www.sankt-pantaleon.de
Tägl. 9.30–19 Uhr
Ehemalige Klosterkirche der Benediktiner und älteste romanische Kirche von Köln, errichtet im 10. Jh. Der ottonische Bau beherbergt die Grabstätten von Erzbischof Bruno, dem Kirchengründer, und der Kaiserin Theophanu. Die Seitenschiffe wurden im 12. Jh. angefügt. 2006 weihte Kardinal Meisner den Altar für Josemaría Escrivá, den Gründer der umstrittenen ultrakonservativ-katholischen Organisation Opus Dei.

St. Peter ➡ G9
Jabachstr. 1, Innenstadt
✆ (02 21) 92 13 03-0, www.sankt-peter-koeln.de
Mi–So 12–18 Uhr

2005 besuchte Papst Bene-dikt XVI. im Rahmen des 10. Weltjugendtags die Synagoge als erstes jüdisches Gotteshaus in Deutschland

Über römischen Thermen entstand die erste Kirche, im 10. und 12. Jh. folgten Veränderung bzw. ein Neubau. Die heutige Gestalt stammt aus dem 16. Jh. Einzig erhaltene Doppelkirchenanlage Kölns mit Stiftskirche (St. Cäcilien) und Pfarrkirche (St. Peter). Altarbild von P. P. Rubens mit der Kreuzigung Petri. Renaissancefenster und expressionistische Gewölbemalereien.

1987 wurde die **Kunst-Station Sankt Peter** in der Jesuitenkirche gegründet, die als Zentrum für zeitgenössische Kunst, Musik und Literatur fungiert. Granitskulptur von Eduardo Chillida aus 2000. Aus demselben Jahr stammt die Turmbeschriftung (außen) von Martin Creed: DON'T WORRY.

Synagoge Köln ➡ G7
Roonstr. 50, Innenstadt
✆ (02 21) 921 56 00, www.sgk.de
Besuch und Führungen auf Anfrage
Nur etwa 30 Jahre nach der alten Haupt-Synagoge in der Glockengasse entstand am Rathenauplatz ab 1895 die neoromanische Synagoge, um der stark anwachsenden Gemeinde ausreichend Platz zu bieten. Wie alle sieben Synagogen in Köln wurde sie in der Reichspogromnacht zerstört. 1959 fand nach der Restaurierung die feierliche Neueröffnung statt. Im Gemeindekomplex befindet sich das koschere Restaurant Mazal Tov, in dem Spezialitäten der jüdischen Küche angeboten werden.

Seit nunmehr 20 Jahren: Don't worry

St. Severin ist eine der zwölf romanischen Kirchen

9 St. Severin ➡ H9
Severinskirchplatz, Altstadt-Süd
☎ (02 21) 931 84 20, www.sankt-severin.de
Mo–Fr 10–17.30 Uhr
Öffentliche Führung (mit Sacrarium und Ausgrabungen) € 9/7, Termine auf der Homepage
Ehemalige Stiftskirche aus dem 11./13. Jh., in der Krypta sind Wandmalereien aus dem 14. Jh. zu sehen. Das römisch-fränkische Gräberfeld unter der Kirche dokumentiert die Siedlungs- und Bestattungsgeschichte Kölns vom 1. bis 8. Jh. Die Kirche hat ihren Ursprung in einem kleinen Andachtsraum über dem Gräberfeld. Um 1500 wurden die Tafelbilder mit der Geschichte des hl. Severin gemalt. Aus der Mitte des 18. Jh. stammt der Bruno-Zyklus im Querhaus, im Hochchor ist der Schrein mit den Reliquien des Kirchenpatrons zu sehen.

9 St. Ursula ➡ E9
Ursulaplatz 24, Innenstadt
☎ (02 21) 13 34 00, www.sankt-ursula-koeln.de
Di–Sa 10–12 und 15–17, So 15–17, bis zum Gitter tägl. 10–17 Uhr, Eintritt (Goldene Kammer) € 2
Die ehemalige Stiftskirche ist der hl. Ursula, der Stadtpatronin von Köln, und den Märtyrerjungfrauen geweiht. Ein Kuriosum ist die **Goldene Kammer** von 1643, eine begehbare Reliquienkammer mit Büsten, goldenem Zierrat und Wanddekorationen aus menschlichen Gebeinen. Der Ursulazyklus (um 1500) stellt die Legende der hl. Ursula in 30 Szenen dar, die mit dem Ursprung der romanischen Kirche verbunden ist.

Die fromme bretonische Königstochter Ursula soll mit ihren jungfräulichen Gefährtinnen (zunächst mit 11, später mit bis zu 10 000 Jungfrauen beziffert) auf Pilgerreise nach Rom gegangen sein. Als die Pilgergemeinschaft Köln erreichte, war die Stadt von Hunnen belagert. Weil Ursula die Ehe mit dem nichtchristlichen Hunnenkönig verweigerte, starben sie und ihre Jungfrauen den Märtyrertod. Die Kölner bestatteten ihre Leichen und bauten ihnen zu Ehren diese Kirche.

»Heilig ist schön«: Ursula-Büste mit einer passförmigen Öffnung zur Betrachtung der Reliquien

Trinitatiskirche ➡ G9
Filzengraben 4, Innenstadt
☎ 0152-56 82 36 60, www.trinitatiskirche-koeln.de
Besichtigung nur nach Anmeldung

Die Goldene Kammer von St. Ursula

Kölns zweite protestantische Kirche, aber die erste, die als evangelische Kirche erbaut wurde. Als die Franzosen die Religionsfreiheit in Köln einführten, widmete man 1802 die Antoniterkirche um. Ab 1815 unter preußischer Regierung wuchs die protestantische Gemeinde, sodass 1857–60 die große Emporenbasilika nach den Plänen des Schinkel-Schülers F. A. Stüler errichtet wurde. Die auch »Evangelischer Dom« genannte Kirche ist ein bedeutender Ort für Kirchenmusik und Kunstausstellungen.

Zentralmoschee der DITIB ➡ E6

Venloer Str. 160, Ecke Innere Kanalstraße, Ehrenfeld
U3, 4: Piusstraße
℗ (02 21) 57 98 20, www.zentralmoschee-koeln.de
Führungen Mi und Fr 15 Uhr (ohne Anmeldung)
Im November 2009 wurde nach kontroversen Diskussionen der Grundstein für den Bau der ersten großen Moschee in Köln gelegt, entworfen von den Kirchenbauspezialisten Paul und Gottfried Böhm. Sie setzt mit dem Platzangebot für 1300 Gläubige, der gut 30 m hohen Kuppel und zwei 55 m hohen Minaretten einen neuen Akzent im Kölner Stadtbild. Zu dem repräsentativen Gebäudekomplex gehören auch das Gemeindezentrum der DITIB sowie Büros und Geschäfte.

*Grüngürtel mit Colonius
im Hintergrund*

Architektur und andere Sehenswürdigkeiten

Bayenturm ➡ H10
Am Bayenturm, Innenstadt
www.frauenmediaturm.de
Der Turm aus dem 13. Jh. bildete die Südspitze der
mittelalterlichen Stadtumwallung. Zusammen mit dem
Kunibertsturm, dem nördlichen Eckpunkt, wurde er
vom Kölner Erzbischof in Beschlag genommen und
zur Zwingburg ausgebaut. Doch die Kölner erstürm-
ten 1262 den Bayenturm. Fortan war er ein Symbol
des Bürgerstolzes.

Nach Bombenschäden entschloss man sich erst in den
1980er Jahren zum Wiederaufbau der Turmruine, um
die historische Rheinansicht zu komplettieren. 1993 zogen das feministische Archiv und Dokumentationszen-
trum FrauenMediaTurm und die Zeitschrift EMMA mit
ihrer Herausgeberin Alice Schwarzer ein.

Design Post Köln ➡ F12
Deutz-Mülheimer-Str. 22, Deutz, U3, 4: Kölnmesse
℡ (02 21) 69 06 50, www.designpostkoeln.de
Mi–Fr 10–18, Sa 10–16 Uhr
In den sieben umgebauten, denkmalgeschützten Hallen eines ehemaligen Postpaketbahnhofs aus dem Jahr
1913 zeigen internationale Interieurmarken ganzjährig ihre neuesten Entwürfe aus den Bereichen Möbel,

Licht, Textilien und Accessoires. Die 3500 m² umfassenden Räumlichkeiten werden auch für Veranstaltungen genutzt.

Deutzer Brücke ➡ F10
1947/48, 1976–80 verbreitert; etwas weiter nördlich befand sich im 4. Jh. die Römerbrücke als Verbindung zwischen der römischen Provinzhauptstadt und dem rechtsrheinischen Kastell. Am linksrheinischen Aufgang ist ein Kettenglied der 1913 errichteten Vorgängerbrücke zu sehen. An diesem Relikt der »Deutzer Hängebrücke« findet man Erläuterungen zur Geschichte der Rheinübergänge in Köln.

Fort X mit Rosengarten ➡ C10
Neusser Wall 33, Altstadt-Nord
U5, 16, 18: Reichensperger Platz
www.koelner-festungsbauten.de
Während der Sommermonate tagsüber frei zugänglich
1816–63 wird dem Verlauf der mittelalterlichen Stadtmauer folgend linksrheinisch ein Kranz aus 11 Forts angelegt. 1873 beginnen die Arbeiten am äußeren Festungsgürtel (Militärring). Ab 1881 Schleifung der mittelalterlichen Stadtmauer und Aufgabe der davor liegenden Bastionen. Auf dem freien Gelände entsteht die Kölner Neustadt.

Nach dem Ersten Weltkrieg wird der innere Festungsring zum Inneren Grüngürtel. Die Relikte der Forts

Idyllisch und ein wenig versteckt ist der Rosengarten im Fort X

*Kaum ein Denkmal ist
so typisch für Köln: der
Heinzelmännchenbrunnen*

werden einbezogen. Ab 1926 verfährt die Stadt mit dem äußeren Festungsgürtel ebenso, woraus der Äußere Grüngürtel hervorgeht. Das **Fort Wilhelm von Preußen** wurde 1819–25 als Teil des inneren Rayons gebaut. Nach Aufgabe der militärischen Nutzung lässt Konrad Adenauer auf dem Dach einen Rosengarten anlegen, der inzwischen den Namen Hilde-Domin-Park trägt, nach der Dichterin, deren Geburtshaus in der Nähe stand.

Gürzenich ➜ F9
Martinstr. 29–37, Quatermarkt, Altstadt-Nord
✆ (02 21) 92 58 99-0
Seit mehr als 60 Jahren traditioneller Ort für große Festveranstaltungen, Sitzungen und Konzerte.

Heinzelmännchenbrunnen ➜ F9
Am Hof, Altstadt-Nord
Die Brunnenanlage von 1899 illustriert eine der schönsten Kölner Legenden. Die fleißigen Heinzelmännchen waren gute Geister, die nachts alle lästigen Arbeiten erledigten, wobei sie niemals jemand zu Gesicht bekam. Die Schneidersfrau war jedoch so neugierig, dass sie ihnen nachstellte. Da purzelten die kleinen Kerle die Treppen hinunter und kamen nie mehr zurück, weshalb die Kölner nun wieder selbst arbeiten müssen.

Hohenzollernbrücke ➜ F10
1855–59 erster Rheinübergang (damals Dombrücke), Neubau 1907–11 als Hohenzollernbrücke, nach der

Liebesschlösser als Zeichen ewiger Zuneigung entlang der Hohenzollernbrücke

Zerstörung im Krieg wiederaufgebaut (1946–48 und 1957–59); heute nur noch Eisenbahnbrücke, aber auch für Fußgänger und Radfahrer offen. Links und rechts von den Brückenköpfen vier Hohenzollernherrscher (jeweils flussauf-/abwärts): linksrheinisch: Kaiser Wilhelm II./Kaiser Friedrich III., rechtsrheinisch: Kaiser Wilhelm I./König Friedrich Wilhelm IV. Seit 2008 flankieren unzählige sogenannte Liebesschlösser als Zeichen ewiger Zuneigung die Bahntrasse.

Kölnischer Kunstverein ➡ F8

Die Brücke, Hahnenstr. 6, Innenstadt
☎ (02 21) 21 70 21, www.koelnischerkunstverein.de
Ausstellungen tägl. außer Mo und Fei 11–18 Uhr
Eintritt € 4/2
Der 1839 gegründete Kunst-Mitgliederverein ist einer der ältesten Deutschlands und hat sein Domizil im architekturgeschichtlich bedeutenden Bau »Die Brücke«

Architektur im Stil der 1950er Jahre: das Treppenhaus des Gürzenichs

Veranstaltungen in der LANXESS arena ziehen immer ein großes Publikum an

des Kölner Architekten Wilhelm Riphahn aus dem Jahr 1950. Mit Ausstellungshalle, Kino, Theater und Atelierräumen.

KölnTriangle ➡ F11
Ottoplatz 1, Deutz
U1, 9: Bhf. Deutz/Messe
U3, 4: Bhf. Deutz/LANXESS arena
www.koelntrianglepanorama.de
Aussichtsplattform ✆ (02 21) 355 00 41 00, Mai–Sept. Mo–Fr 11–23, Sa/So/Fei 10–23, Okt.–April Mo–Fr 12–20, Sa/So/Fei 10–20 Uhr, Eintritt € 3, unter 12. J. frei
Der gläserne Turm auf der *schäl Sick* hat dem Kölner Dom 2006 einen Platz auf der Roten UNESCO-Liste des gefährdeten Weltkulturguts eingebracht. Die Stadt Köln hat schließlich eingelenkt und sich zu einer Beschränkung der Bauhöhe verpflichtet. Von der Aussichtsplattform auf über 100 m bietet sich ein atemberaubender Blick auf die Domstadt.

LANXESS arena ➡ F12
Willy-Brandt-Platz 1, Deutz, U1, 9: Bhf. Deutz/Messe; U3, 4: Bhf. Deutz/LANXESS arena
✆ (02 21) 80 20 (Ticket-Hotline), www.lanxess-arena.de
Deutschlands größte Veranstaltungshalle für Pop- und klassische Konzerte, aber auch für Sportveranstaltungen und Spielstätte des Kölner Eishockeyclubs Kölner Haie mit 18 000 Plätzen.

✤ MediaPark ➡ D/E7/8
Neustadt-Nord, www.mediapark.de
Aus dem ambitionierten Medien- und Kommunika-
tionszentrum auf dem Areal des ehemaligen Güterbahnhofs Gereon sind einige Medienfirmen schon
wieder ausgezogen. Um einen Weiher gruppieren sich
sternförmig Gebäudekomplexe wie das KOMED-Haus
mit Rundfunk- und Fernsehstudios, der 148 m hohe
KölnTurm von Jean Nouvel, der Musictower, die
MediaPark Klinik, das Multiplex-Kino Cinedom und
Wohnhäuser.

Melatenfriedhof ➡ E/F4–6
Aachener Str. 204, Lindenthal, U1, 7: Melaten
www.melatenfriedhof.de
Tägl. April–Sept. 7–20, Okt. 8–19, Nov.–März 8–17 Uhr
Laut napoleonischem Dekret war es ab 1804 – aus hygienischen Gründen – verboten, Tote innerhalb der Stadt-
mauern zu beerdigen. So ließ die Stadt einen großen
klassizistischen Zentralfriedhof anlegen. An der »Mil-
lionenallee« finden sich aufwändige Grabmonumente
der Kölner Oberschicht. Auf Melaten bestattet wurden
z. B. Dombaumeister Zwirner, die Architekten Pflaume,
Riphahn und Band, Bildhauer Albermann, die Sammler
Wallraf, Richartz und Haubrich, Gewerkschaftsführer
Hans Böckler und Willy Millowitsch.

Wächter der Ewigkeit: historische Grabskulptur des Melatenfriedhofs

Luftaufnahme des MediaParks

Mikwe ➡ F9
Obenmarspforten, Unter Goldschmied (neben dem Rathaus), Altstadt-Nord
Das jüdische Ritualbad aus dem 12. Jh. ist derzeit nicht zugänglich.

Oper und Schauspielhaus ➡ F8/9
Offenbachplatz, Innenstadt
Auf unbestimmte Zeit im Umbau
Das Opernhaus mit 1346 Plätzen wurde 1954–57 von Wilhelm Riphahn erbaut. Bis 1962 wurde durch den Bau der Opernterrassen und des **Schauspielhauses** das **Riphahn-Ensemble** ergänzt. Vor der Oper steht der Opernbrunnen von Jürgen Hans Grümmer (1966), auf den auch die Platzgestaltung zurückgeht. Äußerlich ist die Platzgestaltung fertig und das Schauspielhaus hat mit der Außenspielstätte am Offenbachplatz einen neuen Theaterraum eröffnet (Do–So).

Overstolzenhaus ➡ G9/10
Rheingasse 8, Innenstadt
✆ (02 21) 20 18 91 60
Architektonisches Kleinod hinter dem Brauhaus Malzmühle. Kölns einziges erhaltenes romanisches Wohnhaus wurde 1230 von der Patrizierfamilie Overstolz errichtet.

Aufführung »Messa da Requiem« in der Kölner Oper

Peek & Cloppenburg/Weltstadthaus ➡ F9
Schildergasse 65–67, Innenstadt
Das Bekleidungshaus wartet an der Fußgängerzone mit einem spektakulären, 2005 eröffneten Glasbau von Renzo Piano auf.

Praetorium ➡ F9
Kleine Budengasse 2, Innenstadt
Wegen Bauarbeiten bis 2023 geschl.
Ausstellungsraum zur römischen Stadtgeschichte und Zugang zu den Fundamenten des Statthalterpalastes aus dem 1. bis 4. Jh. unter dem Rathaus. Er beherbergte neben Privatquartieren auch Kult-, Empfangs- und Verwaltungsräume. Mitsamt den Flügelbauten war er 92 m lang. Begehbar ist ein Teil der römischen Wasserleitung, die Eifelwasser nach Köln leitete.

⑤ Rathaus ➡ F9
Rathausplatz 2, Innenstadt
℡ (02 21) 34 64 30
Besichtigung nur mit Führung
Mit über 800 Jahren das älteste Rathaus Deutschlands. Kölns wichtigstes Renaissance-Bauwerk (1569–73) ist die Laube. Nach der Zerstörung im Zweiten Weltkrieg wurden der spätgotische Turm und die Laube wiederaufgebaut. Heute zieren wieder 124 bedeutenden Persönlichkeiten der Stadtgeschichte den Ratsturm.

»Mit dem Fahrstuhl in die Römerzeit«: Fundamente der Ostfront des Praetoriums unter dem Spanischen Bau des Rathauses

In Köln steht das älteste Rathaus Deutschlands

Praetorium

Köln, Nordrhein-Westfalen

Die freigelegten Fundamente des römischen Praetoriums unterhalb des heutigen Kölner Rathauses beherbergten Kult-, Empfangs- und Verwaltungsgebäude sowie die Privatquartiere der jeweiligen römischen Statthalter,

Fundamente der Ostfront des Praetoriums.

die vom 1. bis 4. Jahrhundert von Köln aus die Provinz Niedergermanien verwalteten. Einschließlich der Flügelbauten war die Fassade 92 Meter lang.

Hier, wo sich Geschichte förmlich schichtenweise ablesen lässt, kann man Kölns Stolz auf seine große und lange Vergangenheit unmittelbar einsehen. Das Praetorium war zunächst Amtssitz der Oberbefehlshaber des niedergermanischen Heeres, dann Dienst- und Verwaltungsgebäude der Provinzstatthalter von Niedergermanien und seit dem dritten nachchristlichen Jahrhundert sogar zeitweise Residenz römischer Soldatenkaiser. Nach dem Abzug der Römer residierten hier merowingische Teilkönige.

Ein Teil des Praetoriums wurde 1953 bei Bauarbeiten am Rathaus wiederentdeckt, einzelne Reste aus allen Epochen des mehrphasigen Baus in den folgenden Jahren nach und nach

freigelegt. Zugänglich ist heute jedoch nur ein Teil der Fundamente des Palastes aus dem 4. Jahrhundert.

Auch wenn sich der archäologisch weniger versierte Besucher angesichts der freigelegten Mauerreste kaum ein wirkliches Bild von der einstigen Gestalt des weitläufigen, vielfach umgebauten und immer wieder veränderten Gebäudekomplexes machen kann, so wird er doch von der Monumentalität dieses Bauwerks mit dem hoch aufragenden Oktogon in der Mitte beeindruckt sein, dessen imperiale Pracht auch noch aus den Ruinen zu uns spricht. Ein übersichtliches Modell des letzten Bauzustands entspricht zwar nicht mehr ganz dem Forschungsstand, vermag aber doch das etwas überforderte Vorstellungsvermögen des Besuchers wirkungsvoll zu unterstützen.

Eine Vielzahl unterschiedlicher Fundstücke wird in den Ausstellungsräumen präsentiert, von Keramik- und Glasarbeiten über Reste von Skulpturen bis hin zu Mosaiken und Wandmalereien. Die Studioausstellung widmet sich den Ausgrabungsobjekten der Archäologischen Zone am Rathausplatz. Gezeigt wird jeweils ein zum Fund des Monats gekürtes Fundstück, etwa ein römischer Schmuckstein, eine Schachfigur aus dem jüdischen Viertel oder Soleier aus der Schuttschicht des Zweiten Weltkriegs.

Info: Das Praetorium liegt südlich des Kölner Doms. **Info Praetorium:** Derzeit geschl. Wiedereröffnung als Teil des neuen MiQua (LVR – Jüdisches Museum im Archäologischen Quartier), wenn der Neubau fertig ist, voraussichtlich 2023.

⑩ Rheinauhafen ➡ G–J10

www.rheinauhafen-koeln.de

1998 wurde mit der Umgestaltung des Rheinauhafens begonnen, der sich vom **Malakoffturm** und dem Schokoladenmuseum mit der Drehbrücke fast bis zur Südbrücke hinzieht. Denkmalgeschützte Gebäude wie das 170 m lange Danziger Lagerhaus mit sieben Giebeln (1909/10), **Siebengebirge** genannt, oder das ehemalige Hafenamt wurden aufwendig restauriert. Zu den historischen Bauten, die zugänglich sind, zählen das frühere preußische **Zollamt** (Schokoladenmuseum), die **Zollhalle 10** (Sport & Olympia Museum) und das Silo am Danziger Lagerhaus, das als Restaurant dient. Dazwischen findet sich Modernes wie die drei gläsernen **Kranhäuser** von Linster Architekten und BRT Bothe Richter Teherani. Die jeweils 56 m hohen Gebäude sollen an die ehemaligen Lastkräne im alten Rheinauhafen erinnern. Wegweisende Gewerbearchitektur ist mit dem RheinauArt-Office entstanden.

Rheinpark ➡ D/E11

Zwischen Mühlheim und Deutz

Das Bundesgartenschaugelände von 1957 mit Wasseranlagen und Skulpturen, einer Kleinbahn und dem Rheinparkcafé, das bald wieder als solches genutzt werden soll, ist vielleicht Kölns schönster Park. Er mündet in den Tanzbrunnen mit dem Sternwellenzelt von Frei Otto, einen beliebten Veranstaltungsort unter freiem Himmel.

Maritimes Flair findet man auf dem modernen Hafen-Weihnachtsmarkt direkt am Rhein vor dem Schokoladenmuseum im Rheinauhafen

103

Ringe → D10–J10

Sie verlaufen auf dem planierten Graben der 1881 abgerissenen mittelalterlichen Stadtumwallung halbkreisförmig um die Innenstadt und wurden als Boulevard nach Pariser und Wiener Vorbild mit Alleen, Brunnen und Denkmälern angelegt.

Reste der mittelalterlichen **Stadtmauer** sind: am Sachsenring die **Ulrepforte** mit zwei Türmen, Stadttor (später zugemauert), in der Mauer ältestes profanes Denkmal Deutschlands (Ulredenkmal, 1360); Stadtmauer am Hansaring/Am Kümpchenshof/Gereonswall; **Gereonsmühlenturm** (14. Jh.), teilweise als Wohnhaus genutzt; Rudolfplatz: im Mittelpunkt das **Hahnentor** (13. Jh.), ein wuchtiges Doppelturmtor. An dieser Stelle betraten im Mittelalter die deutschen Könige, von der Krönung in Aachen kommend, die Stadt, um die Gebeine der Heiligen Drei Könige zu verehren; **Eigelsteintorburg**, Stadttor aus dem 13. Jh. mit einer Skulptur des *Kölsche Boor* (19. Jh.). In der mittelalterlichen Hierarchie der deutschen Städte war Köln dem Reichsstand der Bauern zugeordnet. Der Bauer existiert noch heute als Figur des Dreigestirns im Kölner Karneval; **Severinstorburg** (ältester Teil 12./13. Jh.).

Römerturm → F8

Ecke Zeughaus-/St.-Apern-Straße, Innenstadt
50 n. Chr., Teil der römischen Stadtmauer, die Zinnen wurden Anfang des 20. Jh. hinzugefügt.

Die Ulrepforte wurde im frühen 13. Jahrhundert als Teil der mittelalterlichen Stadtmauer von Köln errichtet

Der Römerturm (rechts) war Teil der alten Stadtmauer. Heute ist er in das anliegende neoklassische Haus integriert

Severinstraße ➡ G–J9
Altstadt-Süd
Die alte römische Nord-Süd-Achse beginnt am Waidmarkt. Waid lieferte den Farbstoff für das kölnische Blau, mit dem die Färberzunft an Waidmarkt und Blaubach arbeitete. Die traditionelle Leinenschürze des Köbes ist in Kölnisch Blau gehalten.

An der Severinstr. 222–228 lag bis zu seinem Einsturz 2009 das größte kommunale Archiv nördlich der Alpen, das **Stadtarchiv** ➡ G9.

Der Einsturz des Historischen Archivs

Die Katastrophe begann um 13.58 Uhr mit einem tiefen Grollen. Erst rutschte der Boden unter dem Archiv in den U-Bahn-Schacht unter der Severinstraße ab, dann sackte das Archivgebäude in den entstandenen Hohlraum und zwei angrenzende Wohnhäuser stürzten ein. Das Unglück am 3. März 2009 kostete zwei Menschenleben. Von den Archivbeständen – 65 000 Urkunden aus 1000 Jahren Stadtgeschichte, Karten, Pläne, Handschriften, Nachlässe prominenter Kölner wie Jacques Offenbach und Heinrich Böll sowie 500 000 Fotos – wurden 90 Prozent unter Trümmern begraben; fünf Prozent gelten als Totalverlust.

Über Jahre war die Staatsanwaltschaft damit beschäftigt, die Umstände des Einsturzes zu rekonstruieren. Als Ursache wurde ein nicht beseitigtes Hindernis beim Bau einer Betonwand der U-Bahn-Haltestelle ausgemacht. Diese Schwachstelle gab nach, Erdreich und Wasser brachen ein, das Gebäude sackte ab. Angeklagt wurden mehrere Mitarbeiter von Baufirmen und der Kölner Verkehrsbetriebe (KVB), deren Fehlverhalten bzw. mangelhafte Ausführung der Prüfungs- und Überwachungsaufgaben zu dem Unglück geführt haben sollen. Ein Angeklagter wurde wegen fahrlässiger Tötung verurteilt. In einem zweiten Prozess ging es um den wirtschaftlichen Schaden. Die Stadt Köln hatte auf Erstattung der Kosten von über einer Milliarde Euro geklagt. Der Zivilprozess endete 2020 mit einem Vergleich.

Spektakuläre Architektur im Rheinauhafen: Die Kranhäuser (2009) setzen neue Akzente in der Skyline von Köln

Spichernhöfe ➡ E7
Spichernstr. 6–10/Kamekestr. 21, Innenstadt
U3, 4: Friesenplatz
www.spichernhoefe.de
Ganzjährig Ausstellungen und Veranstaltungen
Eine über 100 Jahre alte Fabrikhalle und sieben Einzelbauten, deren Höfe durch den Abriss der Trennmauern zusammengeführt wurden, bilden den Kern des 10 000 m² großen, ab 2001 entstandenen Stadtquartiers. Die Piazza gehört zu den schönsten gastronomisch genutzten Innenhöfen Kölns.

WDR ➡ F9
Appellhofplatz 1, Innenstadt
✆ (02 21) 220 67 44, www.wdr.de
Anmeldefrist für kostenlose Führungen durch die Studios: Einzelpersonen etwa 1 Monat, Gruppen 3 Monate
Eine der größten Rundfunkanstalten Europas. Fünf Radioprogramme, täglich 180 Stunden Hörfunk- und Fernsehprogramm (u. a. ARD, Phoenix, arte, Kinderprogramm und 3sat).

4711-Haus ➡ F9
Glockengasse 4, Innenstadt
✆ (02 21) 27 09 99 11, www.4711.com
Tägl. außer So 11–17 Uhr
Öffentliche Führung Sa 13 Uhr, € 7
Das Stammhaus der Firma Mülhens wurde nach dem Krieg in Anlehnung an den 1852–54 entstandenen neugotischen Bau wiedererrichtet. Glockenspiel stündlich 9–19 Uhr. Im Haus erzählt ein Duftmuseum die 4711-Geschichte. ■

4711 – mit prägnantem Logo
im Kölner Hauptbahnhof
vertreten

*Übernachten mit Blick auf
den Dom im Hyatt Regency*

Übernachten
Hotels, Hostels und preiswerte
Unterkünfte

Obwohl nach wie vor die meisten Gäste aus beruflichen Gründen nach Köln reisen, hat die internationale Finanzkrise nicht zu verringerten Übernachtungszahlen geführt. Bei Privatreisenden sind die Besucherzahlen sogar steigend. Zentral und günstig? Stilvoll? Designorientiert? Übernachten in einer aufgegebenen Kirche, einem ehemaligen Wasserturm, einer früheren Badeanstalt oder im Musikinstrumentenmuseum? Gut 250 Hotels bieten in Köln unterschiedlichste Quartiere für den kleinen Geldbeutel und anspruchsvolle Touristen, Messegäste und Geschäftsreisende. Zu Messezeiten werden die Betten trotzdem schon mal knapp und auch teurer.

Zusätzlich zum Übernachtungspreis wird in Köln (noch) eine Kulturförderabgabe erhoben, im Volksmund auch Bettensteuer genannt. Deren Grundlage –

Die nachfolgend angegebenen Preiskategorien gelten für ein Doppelzimmer pro Nacht.
€   – unter 50 Euro
€€   – 50 bis 100 Euro
€€€   – 100 bis 150 Euro
€€€€ – über 150 Euro

die Beherbergungsabgabesatzung – wurde zwar per verwaltungsgerichtlicher Entscheidung als unzulässig eingestuft. Ob das aber für Köln das Ende der Kulturförderabgabe oder nur den Anstoß für eine Satzungsänderung bedeutet, ist noch nicht abzusehen.

Hotels

Excelsior Hotel Ernst ➡ E9
Trankgasse 1–5, Domplatz, 50667 Köln
✆ (02 21) 27 01
www.excelsiorhotelernst.com
Ein Haus mit Stil, Grandezza und dem dezenten Charme des Luxus, auch im ostasiatischen Restaurant »taku«, das mit einem Michelin-Stern und 16 Punkten von Gault Millau ausgezeichnet wurde. Außerdem guter und freundlicher Service. €€€€

Hilton Cologne ➡ E9
Marzellenstr. 13–17, 50668 Köln
✆ (02 21) 130 71-0, www.hilton.de/Koeln
Das edle Designhotel nahm Quartier im früheren Postscheckamt. €€€€

Hotel im Wasserturm ➡ G9
Kaygasse 2, 50676 Köln
✆ (02 21) 20 08-0
www.hotel-im-wasserturm.de
Luxuriöses 5-Sterne-Hotel mit außergewöhnlicher Innenarchitektur im ehemals größten Wasserturm Europas. Das Rooftop Restaurant & Lounge punktet mit einer 360°-Panorama-Dachterrasse und einem einzigartigen Blick über Köln. €€€€

Hyatt Regency ➡ F10
Kennedy-Ufer 2 A, 50679 Köln
✆ (02 21) 828 12 34, www.hyatt.com
Ein Hotel für höchste Ansprüche mit dem vielleicht schönsten Blick auf den Dom und gleich drei Restaurants. Das Glashaus bietet gehobene internationale Küche, das Grissini serviert feine italienische Speisen und das Sticky Fingers Streetfood. In einer der vier Regency View Suiten nächtigten schon Prominente wie Mick Jagger, Bill Clinton oder Michael Jackson. €€€€

Der Zugang zur Dachterrasse und einem atemberaubenden Blick über Köln befindet sich im 11. Stockwerk des Hotels im Wasserturm

Maritim ➜ F/G10

Heumarkt 20, 50667 Köln
☎ (02 21) 202 70, www.maritim.de
Das Haus verfügt über Pool, Sauna, Dampfbad und Dachgartenrestaurant sowie eine großzügige, glasüberdachte Hotelhalle mit Gaststätten und Boutiquen im Stil einer Einkaufspassage. €€€€

Marriott Hotel ➜ E10

Johannisstr. 76–80, 50668 Köln
☎ (02 21) 942 22-0, www.marriott.de
Das Johannishaus diente über 100 Jahre als städtischer Verwaltungsbau. Er wurde 1991–94 von Oswald Mathias Ungers neu errichtet, dann umgebaut und 2006 als Hotel eröffnet. €€€€

The Qvest hideaway ➜ E8

Gereonskloster 12, 50670 Köln
☎ (02 21) 27 85 78-0, www.qvest-hotel.com
Kleines Designhotel in dem neugotischen Bau, der einst das Stadtarchiv beherbergte. Neben der traumhaften Lage besticht das architektonische Kleinod durch seine Einrichtung, für die Michael Kaune hochrangige Designklassiker zusammengetragen und mit moderner Kunst kombiniert hat. €€€€

Im Hotel Maritim: das Restaurant »Kölsche Stuff«

Schlafen in neugotischem Ambiente im The Qvest hideaway

25hours Hotel The Circle ➡ E/F8
Im Klapperhof 22–24, 50670 Köln
✆ (02 21) 16 25 30 255, www.25hours-hotels.com
Wer das Besondere mag, ist hier richtig. Der außergewöhnliche Rundbau – früher eine Versicherung – wartet mit 207 extravaganten Gästezimmern auf. Besonders eindrucksvoll: Die Eingangshalle sowie Restaurant
und Bar im Dachgeschoss.

art'otel cologne by park plaza ➡ G10
Holzmarkt 4, 50676 Köln
✆ (02 21) 80 10 30, www.artotelcologne.com

art'otel im Rheinauhafen

Auch im Hotelzimmer darf der Dom natürlich nicht fehlen

Das stylische Gesamtkunstwerk im Rheinauhafen vereint Architektur, Design und die Kunst der Baselitz-Schülerin SEO, die überall im Haus platziert ist. €€€

Hopper Hotels
Hinter den denkmalgeschützten Mauern ehemals katholischer Einrichtungen hat Hotelier Jörn Carsten Zobel puristische Designhotels geschaffen.
www.hopper.de, €€€
– **Hopper Hotel St. Antonius** ➡ E10
(ehem. Kolpingherberge für Wandergesellen)
Dagobertstr. 32, 50668 Köln
℡ (02 21) 16 60-0
– **Hopper Hotel St. Josef** ➡ H9
(ehem. Kleinkinderbewahranstalt der Schwestern der christl. Liebe), Dreikönigenstr. 1–3, 50678 Köln
℡ (02 21) 998 00-0

Hotel Stadtpalais ➡ F12
Deutz-Kalker-Str. 52, 50679 Köln
U1, 9: Deutz/Kalker Bad
℡ (02 21) 880 42-0, www.hotelstadtpalais.de
1914–18 errichtete Badeanstalt, die seit 2010 als Hotel historische und moderne Baukunst aufs Schönste vereint. Auf dem zugeschütteten Schwimmbecken stehen heute Restauranttische. €€€

Mauritius Hotel und Therme ➡ G8
Mauritiuskirchplatz 3–11, 50676 Köln
℡ (02 21) 924 13-0, www.mauritius-ht.de
Hotel & Therme mit 61 individuell eingerichteten Zimmern, 3500 m² Sauna-, Massage- und Fitnessanlage. Zudem zweistöckige Dachterrasse. €€€

Santo ➡ D/E9
Dagobertstr. 22–26, 50668 Köln
℡ (02 21) 91 39 77-0, www.hotelsanto.de
Modernes Stadthaus mit 69 geräumigen Zimmern und außergewöhnlicher Hotelatmosphäre durch extravagante Möblierung und wechselndes Lichtspiel. €€€

Savoy ➡ E9
Turiner Str. 9, 50668 Köln
℡ (02 21) 16 23-0, www.savoy-koeln.de

Design- und Wellnesshotel, ausgefallene Interieurs und SPA: Entspannung der Luxusklasse auf 650 m². €€€

Steigenberger Hotel Köln ➡ F7
Habsburgerring 9–13, 50674 Köln
☏ (02 21) 22 80, www.steigenberger.com
Die Lage am Rudolfplatz bietet zahllose Möglichkeiten zum Shoppen und Ausgehen. Der Blick auf die Innenstadt mit Hahnentor und St. Aposteln bis zum rund 20 Gehminuten entfernten Dom zählt zu den Highlights des topmodernisierten Hauses. €€€

The Midtown Hotel ➡ E8
Kaiser-Wilhelm-Ring 48, 50672 Köln
☏ (02 21) 139 85-0, https://themidtownhotel.de/de
Sehr modern und individuell ausgestattetes Hotel. €€€

Aparthotel Adagio ➡ G9
Blaubach 3, 50676 Köln
☏ (02 21) 17 05 20, www.adagio-city.com
Apartments für bis zu 4 Personen, mit Frühstücksservice und Fitnessraum – eine familienfreundliche Alternative zum Hotel. Je länger der Aufenthalt, desto günstiger der Preis. €€–€€€

Imposant: das Restaurant KWB im Hotel Stadtpalais

NH Collection Köln Mediapark ➡ D/E8
Im Media Park 8 B, 50670 Köln
✆ (02 21) 271 50, www.nh-hotels.de
Mitten in der Stadt und doch im Grünen liegt das ge-
pflegte Businesshotel, das sich auch für Freizeitaufent-
halte gut eignet. Kino, Ringstraßen, S-Bahnanschluss –
alles ist fußläufig erreichbar. €€–€€€

Azimut ➡ D9
Hansaring 97, 50670 Köln
✆ (02 21) 88 87 60, de.azimuthotels.com
Seit 2008 bietet das Haus auf sechs Etagen Vier-Sterne-
Komfort. €€

Chelsea ➡ G7
Jülicher Str. 1, 50674 Köln
✆ (02 21) 207 15-0, www.hotel-chelsea.de
Künstlerhotel im Belgischen Viertel. In den Zimmern
wird zeitgenössische Kunst gezeigt. €€

Conti Hotel ➡ G7
Brüsseler Str. 40–42, 50674 Köln
✆ (02 21) 258 77-0, www.conti-hotel.de
Mitten im Belgischen Viertel, freundlich und familiär.
€€

*Künstlerhotel Chelsea
mit dekonstruktivistischer
Dacharchitektur*

Modern eingerichtet:
Jugendherberge in Köln-Deutz

Dom Hotel Am Römerbrunnen ➡ F9
Komödienstr. 54, 50667 Köln
✆ (02 21) 16 09 40, www.domhotel-koeln.de
2010 eröffnet. Komfortable Ausstattung, zentrale Lage
direkt am Stadtmuseum. €€

Lyskirchen ➡ G10
Filzengraben 26–32, 50676 Köln
✆ (02 21) 20 97-0, www.hotel-lyskirchen.com
Schönes 4-Sterne-Hotel in ruhiger Altstadtlage unweit
vom Rheinaufhafen. €€

Viktoria ➡ D10
Worringer Str. 23, 50668 Köln
✆ (02 21) 973 17 20, www.hotelviktoria.de
Im ehemaligen Musikhistorischen Museum, einem der
schönsten klassizistischen Baudenkmäler Kölns – mit
Erkern, Wand- und Deckenmalereien, Stuckarbeiten
und Säulennischen. €€

Hostels und preiswerte Unterkünfte

A&O Köln Neumarkt ➡ G7/8
Mauritiuswall 64–66, 50676 Köln
✆ (02 21) 467 06-47 00, www.aohostels.com
Das frühere Bürogebäude verfügt über 173 Einzel-,
Doppel- und Mehrbettzimmer, alle mit Dusche/WC
und TV. €

Neue Leute treffen: Im Hostel geht das ganz einfach

Die Wohngemeinschaft ➡ G7
Richard-Wagner-Str. 39, 50674 Köln
✆ (02 21) 39 76 09 04
www.hostel-wohngemeinschaft.de
Schlafen im angesagten Belgischen Viertel: Doppel-, Drei- und Vierbettzimmer sowie ein Schlafsaal mit Original-Wohngemeinschaftsfeeling. €

DJH City-Hostel Köln-Deutz ➡ F11
Siegesstr. 5, 50679 Köln, U1, 9: Bhf. Deutz/LANXESS arena, U3, 4: Deutzer Freiheit
✆ (02 21) 81 47 11
www.koeln-deutz.jugendherberge.de
Moderne Jugendherberge, rechts-rheinisch. Messe und LANXESS arena sind 200 m entfernt. €

DJH City-Hostel Köln-Riehl ➡ B12
An der Schanz 14, 50735 Köln
U18: Boltensternstraße
✆ (02 21) 97 65 13-0, www.jugendherberge.de
Zimmer in unmittelbare Lage am Rhein mit direkter Verbindung zur Innenstadt. €

Hostel Köln ➡ G8
Marsilstein 29, 50676 Köln
✆ (02 21) 99 87 76-0, www.hostel.ag
Für junge und jung gebliebene Besucher, Familien und Individualreisende. 262 Betten in 72 Zimmern. Einzelzimmer ab € 69. Familienzimmer ab € 116. €€

Pathpoint Cologne Backpacker Hostel ➡ E9
Machabäerstr. 26, 50668 Köln
✆ (02 21) 130 56 86-0, www.pathpoint-cologne.de
Modernes Backpacker-Hostel in der ehemaligen Kreuzkirche, nur 5 Gehminuten zum Hauptbahnhof und in die Altstadt. Keine Einzelzimmer! €

SMARTY Cologne City Center ➡ G7
Engelbertstr. 33–35, 50674 Köln
✆ (02 21) 92 40 90
www.smarty-hotels.com/CologneCityCenter
Günstige Einzel-, Doppel- und Familienzimmer oder Übernachtung im Schlafsaal. Smarty heißt urban und voll vernetzt. € ■

Essen und Trinken
Restaurants, Cafés, Bistros, Weinlokale, Brauhäuser

Die angegebenen €-Kategorien beziehen sich auf den durchschnittlichen Preis für ein Hauptgericht. Die Restaurants sind nach Preiskategorien (aufsteigend) und darunter alphabetisch sortiert. Eine Reservierung ist zu empfehlen.

€   –   unter 20 Euro
€€   –   20 bis 30 Euro
€€€   –   30 bis 40 Euro
€€€€ –   über 40 Euro

Zwischen Gourmetküche und kölscher *Foderkaat* liegt die ganze Vielfalt der internationalen Küche: indisch, persisch, türkisch, vietnamesisch, japanisch, russisch, französisch, österreichisch und zahlreiche Italiener – vom Feinschmeckerlokal bis zur familiären Pizzeria. Die Restaurants, Bistros, Wein- und Brauhäuser sind in einem dichten Netz über die Stadt verteilt, sodass in nahezu jedem Veedel Schnitzel, Steaks und *Kappes* (Kohl), Sushi und andere internationale Spezialitäten und natürlich Pizza und Pasta in guter Qualität zu finden sind. Doch rund um den Dom und an den Ringen selbstverständlich auch.

Herzhaft: Kölscher Kaviar

Restaurants

Höchste Preislage (€€€€):

Alfredo ➡ F9
Tunisstr. 3, nahe Opernhaus
☎ (02 21) 257 73 80, www.ristorante-alfredo.com
Mo–Fr 12–15 und 19–23.30 Uhr
Exquisite italienische Küche in eleganter Atmosphäre.
Freitags findet die musikalisch-kulinarischen Soirée
statt, bei der der mit einem Michelin-Stern gekürte
Koch Roberto Carturan der Sänger ist.

Le Moissonnier ➡ D9
Krefelder Str. 25, Agnesviertel
☎ (02 21) 72 94 79, www.lemoissonnier.de
Di–Do 12–15 und 18.30–24, Fr/Sa 12–15 und 19–24 Uhr
Eines der besten (zwei Michelin-Sterne) und schönsten
Restaurants der Stadt. Auch die Weinkarte lässt keine
Wünsche offen.

Ox & Klee ➡ H10
Im Zollhafen 18, mittleres Kranhaus am Rheinauhafen
☎ (02 21) 16 95 66 03, https://oxundklee.de
Di–Sa 19–1 Uhr
Die Überraschungsmenüs mit acht Gängen werden
nach persönlichen Vorlieben zusammengestellt. Das
Angebot »Experience Taste by Gottschlich« brachte
2019 den zweiten Michelin-Stern.

Zur Institution geworden: Das Le Moissonnier steht für feinste französische Regionalküche

Kreativküche

RESTAURANT LE MOISSONNIER

Köln, Nordrhein-Westfalen

Ausgelöstes Täubchen gebraten mit Koriander gefällig? Kleine, warme Kaninchenpastete in gelbem Jurawein mariniert, dazu drei französische Antipasti? Oder pochiertes Lammrückenfilet in Heubutter und Portweinsirup

Restaurant Le Moissonnier in Köln: mit zwei Michelin-Sternen ausgezeichnet.

mit Kardamom? Seit rund drei Jahrzehnten servieren Vincent und Liliane Moissonnier diese und noch viele andere aufregende Kreationen, die Eric Menchon, der fantasievolle Küchenchef, auf die Karte gezaubert hat. Leichtigkeit und neue Definitionen der französischen Regionalküche sind das Ergebnis. Als das Restaurant »Le Moissonnier« 1987 eröffnet wurde, war es der Versuch, eine Vinothek in Köln zu etablieren.

Authentisches Jugendstilambiente, eng gestellte kleine Tische im Bistro-Stil, Kugellampen, riesige Wandspiegel und besonders die 40 offenen Weine unterstreichen diese mittlerweile mit zwei Michelin-Sternen ausgezeichnete Idee perfekt. Hier geht es lebhaft zu, nicht vornehm still, die Küche ist hervorragend und dabei unverkrampft. Wer hier essen möchte, sollte besser drei Wochen im Voraus reservieren.

»Eines der besten Spitzenrestaurants in Deutschland«, urteilt der Gastronomiekritiker des »Kölner Stadt-Anzeiger« und sein Kollege von der »Frankfurter Allgemeinen Zeitung« schrieb einmal: »Warum hat Deutschland nicht in jeder größeren Stadt ein Le Moissonnier? Müsste nicht jeder gastronomische Konzept-Sucher den großen Erfolg dieses optisch klassischen Bistros mit seiner hochinteressanten Kreativküche und seinem exquisiten Gourmet-Publikum nachahmen?«

INFO: Im Kölner Stadtteil Neustadt-Nord gelegen. **INFO RESTAURANT LE MOISSONNIER:** Krefelder Str. 25, 50670 Köln, Tel. (02 21) 72 94 79, www.lemoissonnier.de, Öffnungszeiten Di–Do 12–15 und 18.30–24, Fr/Sa 12–15 und 19–24 Uhr. Reservierung empfohlen, Preise auf Anfrage.

Gehobene Preislage (€€€):

Casa di Biase ➡ H8
Eifelplatz 4, Volksgarten
☎ (02 21) 32 24 33
www.casadibiase.de
Mo–Fr 12–14 und 18.30–22.30, Sa 18.30–22.30 Uhr
Ausgefallene italienische Küche, serviert in schönem
Gastraum.

La Société ➡ H7
Kyffhäuserstr. 53, nahe Barbarossaplatz
Kwartier Latäng
☎ (02 21) 23 24 64
www.lasociete.info
Tägl. ab 18.30, Küche bis 21.30 Uhr
Feinschmecker-Gastronomie – mit einem Michelin-Stern
und dem von Gault Millau ausgezeichneten Küchenchef Grischa Herbig.

*Stilvolles Ambiente erwartet
die Gäste im astrein*

Mittlere bis gehobene Preislage (€€–€€€):

astrein ➡ D9
Krefelder Str. 37, Agnesviertel
✆ (02 21) 95 62 39 90
www.astrein-restaurant.de
Di–Sa 18–21.30 Uhr
Inhaber Eric Werner ist jung, experimentierfreudig und preisgekrönt. Gut ein halbes Jahr nach der Eröffnung erhielt das astrein seinen ersten Michelin-Stern. Erlesene internationale Zutaten schmeicheln dem Gaumen und das bemerkenswerte Design erfreut die Augen.

Em Krützche ➡ F10
Am Frankenturm 1–3, Altstadt
✆ (02 21) 258 08 39, www.em-kruetzche.de
Tägl. außer Mo 10–22.30 Uhr
Das Restaurant existiert seit 1589 und bietet gehobene bürgerlich-rheinische Küche. Saisonale Wild- und Gansspezialitäten.

Luis Dias ➡ N13
Wilhelmstr. 35 A, Rodenkirchen
✆ (02 21) 935 23 23, https://luis-dias.com
Di–Fr, So 12–14.30 und 18–22, Sa 18–22 Uhr
Über die Stadtgrenzen hinaus ist Luis Dias Feinschmeckern ein Begriff. Seit fast 30 Jahren kocht er in Köln, seit 2020 in seinem eigenen, neu eingerichteten Lokal.

*Auf der Aachener Straße kann
man gut essen gehen*

Mevlana ➡ westl. A13
Keupstr. 47–49, Mülheim
℡ (02 21) 62 65 59, www.mevlanakoeln.de
Tägl. 7–2 Uhr
Feinste türkische Esskultur in der orientalisch gepräg-
ten Keupstraße.

Mittlere Preislage (€€):

Café Especial ➡ F11
Neuhöfferstr. 32, nahe Deutzer Bahnhof, Deutz
℡ (02 21) 81 47 55, www.cafe-especial.com
Mo–Fr 11–1, Sa/So 10–1 Uhr

Kölns ältester Mexikaner serviert im Stil einer Cantina traditionelle Gerichte aus den verschiedenen Regionen Mexikos. Zudem mehr als 70 Tequilasorten.

Christoph Paul's Restaurant im Hopper ➡ G7
Brüsseler Str. 26, nahe Rudolfplatz
✆ (02 21) 34 66 35 45
www.christoph-paul.koeln
Di–Sa 17.30–24 Uhr
Internationale und kreative Gerichte aus regionalen Erzeugnissen begeistern Kunden und Kritiker (14 Punkte im Gault Millau). Serviert wird in einer früheren Klosterkapelle oder unter Bäumen im lauschigen Innenhof.

Gelee mit gegrilltem Oktopus in Christoph Paul's Restaurant

Consilium ➡ F9
Rathausplatz 1, Altstadt-Nord
✆ (02 21) 16 87 07 27
www.consilium-koeln.com
Mo–Fr 10–24, Sa 15–24 Uhr, So/Fei nach Ankündigung
Im Rathaus lässt es sich stilvoll und gut speisen – im schönen Atrium auch unter freiem Himmel.

Essers Gasthaus ➡ C6
Ottostr. 72, Ecke Nussbaumer Straße, Ehrenfeld
✆ (02 21) 42 59 54
www.essers-gasthaus.de
Tägl. ab 17.30, Küche 18–22.30 Uhr
Schönes Gasthaus mit guter Weinkarte, dazu leckere österreichisch-deutsche Speisen. Mit Biergarten.

Etrusca ➡ H7
Zülpicher Str. 27, Kwartier Latäng
✆ (02 21) 240 39 00
www.ristorante-etrusca.de
Tägl. 12–15 und 18–23 Uhr
Sardische Kochkunst auf hohem Geschmacksniveau, ausgezeichnete Pasta, gute offene Weine.

Kamasutra ➡ G8
Weyerstr. 114, nahe Barbarossaplatz
✆ (02 21) 34 89 28 28
www.kamasutra-koeln.de
Mo–Sa 12–15 und 18–23, So/Fei 12–23 Uhr

Schmackhafte indische Spezialitäten in ansprechender Umgebung. Den Schärfegrad kann man ganz nach Gusto selbst bestimmen.

L'Accento ➡ G9
Kämmergasse 18, nahe Wasserturm
✆ (02 21) 24 72 38, www.ristorante-laccento.de
Mo–Fr 12–14.30 und 18–22, Sa ab 18 Uhr
Ausgezeichnete italienische Küche zu moderaten Preisen. Bitte reservieren!

Limani ➡ J10
Agrippinawerft 6, Rheinauhafen
✆ (02 21) 719 05 90, www.limanicologne.de
Tägl. 10–1 Uhr
Im Sommer kann man die mediterranen Gerichte auf zwei Terrassen mit Rheinblick genießen.

Limbourg ➡ F7
Limburger Str. 35, Belgisches Viertel
✆ (02 21) 250 88 80, www.limbourg-restaurant.de
Tägl. 19–0.30 Uhr

In Essers Gasthaus ist die Auswahl an Weinen groß

Dieses Kleinod im Belgischen Viertel bietet feine mediterrane Küche in stimmiger Umgebung. Eine Empfehlung für besondere Abende.

Im NENI genießt man bei arabisch-israelischen Spezialitäten einen grandiosen Ausblick

Meson el Cordobes ➡ E7
Gladbacher Str. 11, Ecke Spichernstraße, nahe Media-Park
✆ (02 21) 51 55 06, www.meson-el-cordobes.de
Mo/Di, Do–Sa 18–24, So/Fei 12–22 Uhr
Katalanische Spezialitäten mit Fisch und Fleisch.

NENI ➡ F8
Im Klapperhof 22–24, nahe Friesenplatz
✆ (02 21) 16 25 35 61, www.nenikoeln.de
Das NENI im achten Stock punktet nicht nur mit dem tollen Blick auf die Stadt. Die Gerichte sind von der arabisch-israelischen Küche inspiriert und werden als kleine Köstlichkeiten – exotische Salate und Suppen sowie Gerichte vom Grill – auf mehreren Tellern kombiniert. Auch vegetarisch.

Meza und Grill im Al Salam

Ristorante Benyissimo ➡ E8
Christophstr. 54, Nahe Kaiser-Wilhelm-Ring
℡ (02 21) 13 13 99
www.bennyssimo.de
Mo–Fr 12–15 und 18–22.30 Uhr, Sa 18–22.30 Uhr
Die Trattoria bietet italienische Köstlichkeiten von ge-
füllten Gnocchi über leckere Pasta bis hin zu feinen
Ragouts.

Untere Preislage (€):

Al Salam ➡ G7
Hohenstaufenring 22, Innenstadt
℡ (02 21) 201 98 82, www.al-salam.de
Di–Sa 17–0 Uhr
Feine arabisch-orientalische Esskultur in stilvollem mor-
genländischen Flair genießen. Das Restaurant bietet
zudem sehr gute Cocktails.

Grünlilie ➡ I6
Weyertal 15, Sülz
✆ (02 21) 42 88 59
Tägl. außer So 12–14.30 und 19–22 Uhr
Hervorragende vegetarisch-vegane Bioküche mit gutem Preis-Leistungs-Verhältnis.

Hase Restaurant ➡ F8
St.-Apern-Str. 17–21, Innenstadt
✆ (02 21) 25 43 75
www.hase-catering.de
Mo–Sa 12–16 und 18–1 Uhr
Hier locken niveauvolle französisch-internationale Brasseriegerichte in dezentem Interieur. Beliebter Szenetreffpunkt.

Plomari ➡ J5
Sülzgürtel 96, Ecke Zülpicher Straße, Sülz
✆ (02 21) 44 86 89
www.mezedopolio-plomari.de
Tägl. außer Mo ab 18, Küche bis 23 Uhr
In diesem kleinen Bar-Restaurant genießt man in gemütlicher Tavernenatmosphäre Mezedes (köstliche Appetithappen). Dazu gibt es Früh-Kölsch und gute griechische Weine. Unbedingt reservieren!

Taj Mahal Köln ➡ F9
An St. Agatha 27, gegenüber Kaufhof
✆ (02 21) 258 03 36
www.tajmahal-koeln-restaurant.de
Tägl. 12–23 Uhr
Im ältesten indischen Restaurant der Stadt gibt es frisch zubereitete Spezialitäten aus ganz Indien und ausgesuchte bengalische Gerichte in entspannter und gemütlicher Atmosphäre.

Chum Chay ➡ F7
Friesenwall 29, Belgisches Viertel
✆ (02 21) 79 00 37 98
www.chum-chay.de
Mo–Sa 12–23, Fei 15–23 Uhr
Der Besuch ist wie eine Fernreise. Im Chum Chay kommen traditionelle vegetarische vietnamesische Speisen auf den Teller.

Cafés, Bistros, Weinlokale

Bauturm Café → F7
Aachener Str. 24, nahe Rudolfplatz
✆ (02 21) 52 89 84, www.cafe-bauturm.de
Mo–Fr 8–3, Sa/So 9–3 Uhr
Sehr schönes Café mit künstlerischem Flair und legendärem Frühstücksangebot bis in die Nacht. Es werden nur frische und hochwertige Produkte verwendet. Der Kaffee ist ausgezeichnet. Meist voll, leider auch oft laut, aber von großem Charme.

Café Central → G7
Jülicher Str. 1, nahe Rudolfplatz
✆ (02 21) 207 15 20, www.cafecentralcologne.de
Tägl. 7–1, Küche 12–24 Uhr
Legendäres Café, in dem sich in den 1980/90er Jahren die internationale Kunstszene traf. Es gehört zum Hotel Chelsea, dem Prototyp des Künstlerhotels, in dem Martin Kippenberger, A. R. Penck, Rosemarie Trockel u. v. a. Arbeiten gegen Logis tauschten.

Café Fassbender → F8
Mittelstr. 12–14, nahe Neumarkt
✆ (02 21) 92 59 99-0, www.fassbender.de
Mo–Fr 9–19, Sa 8–19, So 10–18 Uhr
Süße und herzhafte Kleinigkeiten mit Blick auf die Apostelnkirche.

Der ständige Gast im »Bauturm-Café«

Café Reichard ➡ F9
Unter Fettenhennen 11, am Dom
✆ (02 21) 257 85 42, www.cafe-reichard.de
Tägl. 8.30–20 Uhr
Bau im neugotischen Stil von 1903/04, bis auf die
Dachkonstruktion detailgetreu rekonstruiert; Logen-
platz für den Anblick des Doms. Opulentes Frühstück
vom Müsli bis zum Brunch.

Confiserie Fassbender/Café Jansen ➡ F9
Obenmarspforten 7, Altstadt
✆ (02 21) 27 27 39-0
Mo–Fr 9–18.30, Sa/So 11–18 Uhr
Wer Kaffee und Torten liebt, dem lege ich dieses Café
besonders ans Herz. Einer der schönsten Tortentempel
Kölns.

Galestro ➡ F9
Bahnhofvorplatz 1, nahe Dom
✆ (02 21) 126 03 48, www.galestro.com
Mo–Sa 7.30–21, So 10–20 Uhr
Die kleine Espressobar bietet italienisches Flair und
feinste Caffè-Kultur.

Metzgerei/Salon Schmitz ➡ E7
Aachener Str. 28/30, nahe Rudolfplatz
✆ (02 21) 139 55 77, www.salonschmitz.com
Tägl. ab 10 Uhr

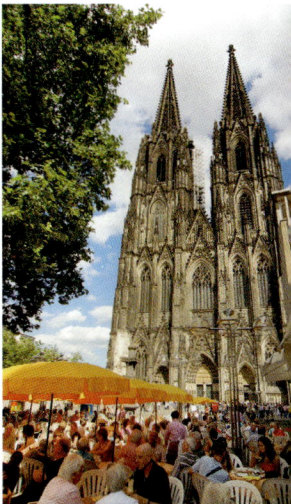

*Die Terrasse des traditions-
reichen Café Reichard gegenüber der Westfassade des
Kölner Doms*

*Das beliebte Schmitz in
der Aachener Straße*

Rheinterrassen: opulentes
Frühstücksbuffet

Kultbistro im ehemaligen Metzgereigeschäft. Am Tresen wählt man aus hervorragenden Salaten, Quiches, Couscous und Kuchen. Im dazugehörigen stylischen Salon ist Sehen und Gesehenwerden angesagt.

Rheinterrassen ➡ E10
Rheinparkweg 1, Deutz
☎ (02 21) 65 00 43 21, www.rhein-terrassen.de
Mo–Sa 18–1, So 12–17 Uhr, im Winter So/Mo geschl.
Manche sagen, der Blick sei besser als das Essen. Sonntags »Chill Out Breakfast« mit Buffet für € 19.

Settebello Eiscafé ➡ J10
Alteburger Str. 5, Südstadt
☎ (02 21) 32 91 94, www.settebello.biz
Tägl. 11–23, im Winter Mo–Sa 11–20, So 12–20 Uhr
Bekanntestes Eiscafé in der Südstadt mit Riesenauswahl.

Sorgenfrei ➡ F7
Antwerpener Str. 15, Belgisches Viertel
☎ (02 21) 355 73 27, www.sorgenfrei-koeln.com
Tägl. außer So 18–24 Uhr
Weinbar mit deutschen und italienischen Weinen.

Weinlokal heinzhermann ➡ E9/10
Johannisstraße 64, Breslauer Platz
☎ (02 21) 37 99 91 93, https://maximilianlorenz.de
Di–Sa 18–22 Uhr
Hier gibt es (fast) alles, was des Weinkenners Herz erfreut – mehr als 1500 Weine aus aller Welt.

Brauhäuser, Kneipen

Brauereiausschank Gaffel Haus ➡ F9
Alter Markt 20–22
✆ (02 21) 257 76 92, www.gaffel-haus.de
Tägl. 12–24 Uhr
Das Haus »Zur Brezel« ist das älteste Haus am Alter Markt. Es hat bereits 1213 hier gestanden. Ende des 16. Jh. wurde das Haus »Zum Dorn« angebaut. Zusammen bilden sie das Gaffelhaus.

Gaffel am Dom

Brauhaus Pütz ➡ G7
Engelbertstr. 67, nahe Rudolfplatz
✆ (02 21) 21 11 66
https://brauhauspuetz.de
Mo–Sa 17–23, So/Fei 15–22 Uhr
Kölsch-rustikales Essen, nette, urige Atmosphäre. Raucher- und Nichtraucherräume.

Brauhaus Sünner im Walfisch ➡ F9/10
Salzgasse 13, Altstadt
✆ (02 21) 257 78 79
www.walfisch.net
Tägl. ab 12 Uhr
Kleines, gehobenes Brauhaus mit dem für Köln typischen Hängestübchen, einer hölzernen Zwischenebene, das die urige Wirkung des Raumes unterstreicht.

Ein Stück Kölner Lebensart und Kölschkultur begegnet den Besuchern in Em Golde Kappes

» Drink doch ene met …«

KÖLSCH UND BRAUHÄUSER

Köln, Nordrhein-Westfalen

In New York gibt's Kölsch, in Los Angeles sogar eins mit dem Namen Hollywood Blonde und auf der Nordseeinsel Juist findet sich eine Köbes-Kneipe. Kölsch, das helle obergärige Nationalgetränk, globalisiert? Nein. Im Gegenteil. Abgesehen von gelegentlichen internationalen Eskapaden wird der Gerstensaft von alters her mit regionaler Selbstzufriedenheit in heimatlichen Grenzen gebraut und verzapft.

Nördlich der Stadt, ab Worringen, löscht das Düsseldorfer Altbier den Durst, ab Bonn der Wein. Der Kölner war und ist sich meist selbst genug. Warum sollte es mit seinem Leib- und Magengetränk anders sein? Offiziell heißt es, die Brauart mache das Bier schwer exportierbar …

Über 20 Marken des als bekömmlich geltenden Kölsch sind derzeit auf dem Markt, darunter Gaffel, Früh, Reissdorf und Mühlen. Gezapft wird es in 2500 Kneipen, viele davon an Straßenecken positioniert oder in Biergärten und Brauhäusern.

Typisch: Es wird in der Regel an der Theke getrunken, und zwar im Stehen – anders als in Bayern, wo man sich zum Bier gern an den Tisch hockt. Zusammenstehen: Das tun die Kölner für ihr Leben gern, denn es bedeutet Trinken und Schwadronieren. Nicht zufällig heißen Dialekt und Bier gleich.

Das kleine Kölsch wird in 0,2-Liter-Gläsern (Stangen) ausgeschenkt, die der Köbes genannte Kellner statt auf einem Tablett in einem Kölschkranz transportiert, in dem sich mehrere Gläser pyramidenartig stapeln lassen. Geleerte Stangen werden auch ohne ausdrückliche Bestellung im Nu durch volle ersetzt. Bei Nullkommazwei macht man nicht viel Aufhebens. Für die solide Grundlage sorgen die Spitzenleistungen der kölschen Küche: Roggenbrötchen mit Käse (halver Hahn), Blutwurst (Flönz) oder Frikadellen und viel Senf.

Die blau beschürzten Köbesse sind traditionell nicht übermäßig freundlich, dafür aber umso schlagfertiger. Auf Witzbolde reagieren sie allerdings entweder gar nicht oder machen ihnen schnell klar, dass nur der Köbes für Späße zuständig ist.

INFO BRAUHÄUSER: Päffgen Brauhaus: Friesenstr. 64–66, 50670 Köln, Tel. (02 21) 13 54 61, www.paeffgen-koelsch.de, Öffnungszeiten tägl. außer Mo 12–23 Uhr. Früh am Dom: Am Hof 12–18, 50667 Köln, Tel. (02 21) 261 32 15, www.frueh-am-dom.de, Öffnungszeiten Mo–Fr 11–24, Sa/So/Fei 10–24 Uhr. Malzmühle: Heumarkt 6, 50667 Köln, Tel. (02 21) 92 16 06 13, https://brauereizurmalzmuehle.de, Öffnungszeiten Mo–Do 16–23, Fr 15–24, Sa 12–24, So/Fei 12–22 Uhr. Gaffel am Dom: Bahnhofsvorplatz 1, 50667 Köln, Tel. (02 21) 91 39 26 60, www.gaffelamdom.de, Öffnungszeiten tägl. ab 11 Uhr.

»Drink doch ene mit…«: Brauhaus »Früh am Dom«.

Kölsch-Seligkeit im »Früh am Dom«, einem der Brauhäuser von Köln

Em Golde Kappes ➡ B9
Neusser Str. 295, Nippes
✆ (02 21) 92 29 26 40, www.emgoldekappes.de
Tägl. außer So 11–24 Uhr
Eine der ältesten Nippeser Kneipen und eine der schönsten kölschen *Weetschaften* dazu.

Früh am Dom ➡ F9
Am Hof 12–18, Altstadt
✆ (02 21) 26 13-215, www.frueh-am-dom.de
Mo–Fr 11–24, Sa/So/Fei 10–24 Uhr
Eines der traditionsreichen Kölner Brauhäuser, stets gut besucht. Touristen lieben das Platzangebot im Freien, das sich bis zum Heinzelmännchenbrunnen erstreckt. Viele Kölner und Kölnerinnen bevorzugen jedoch ihr Kölsch im Stehen.

Früh em Veedel ➡ J9
Chlodwigplatz 28, Südstadt
✆ (02 21) 31 44 70, www.frueh-gastronomie.de
Mo–Do 16–24, Fr/Sa 11–1 Uhr
Deftige kölsche Gastlichkeit.

Gaffel am Dom ➡ F9
Trankgasse/Bahnhofsvorplatz 1
✆ (02 21) 913 92 60
www.gaffelamdom.de
Tägl. ab 11 Uhr
2008 im denkmalgeschützten Deichmannhaus eröffnet, aber ganz ein Brauhaus alten Stils.

In der Malzmühle hat schon Bill Clinton Rheinischen Sauerbraten genossen

Geißbockheim, Restaurant & Sportsbar ➡ L4
Franz-Kremer-Allee, nahe Decksteiner Weiher
U18: Klettenbergpark, dann 10 Min. Fußweg
✆ (02 21) 716 16 64 70 , www.geissbockheim-fckoeln.de
Tägl. ab 12 Uhr
Deftige Brauhausküche und Vitamine, etwa zur Trauer- oder Siegesfeier »FC Salat« an Strauch(el)tomaten.

Haus Töller ➡ G8
Weyerstr. 96, nahe Barbarossaplatz
✆ (02 21) 258 93 16, www.haus-toeller.de
Tägl. außer So 17 Uhr bis »letzte Runde«, Küche bis 22.30 Uhr
Traditionelle kölnische Küche, solides Preis-Leistungs-Verhältnis.

Haus Unkelbach ➡ F11
Luxemburger Str. 260, Sülz
✆ (02 21) 41 41 84, www.hausunkelbach.de
Mo–Do 17–23, Fr/Sa 12–24, So 12–22 Uhr
Seit fast 80 Jahren bietet das Wirtshaus gediegene kölsche Atmosphäre und gute regionale Speisen.

Malzmühle ➡ G9
Heumarkt 6, Altstadt
✆ (02 21) 92 16 06 13, https://brauereizurmalzmuehle.de
Mo–Do 16–23, Fr 15–24, Sa 12–24, So/Fei 12–22 Uhr
In Verbindung mit einer Tischreservierung kann man in der Malzmühle auch eine Brauereiführung buchen. Eines der traditionellen Brauhäuser in Köln.

Päffgen Brauhaus ➡ F8
Friesenstr. 64–66, Innenstadt
☎ (02 21) 13 54 61, www.paeffgen-koelsch.de
Tägl. außer Mo 12–23 Uhr
Altehrwürdige Kölsch-Kathedrale, 1883 von Hermann
Päffgen gegründet.

Peters Brauhaus ➡ F9
Mühlengasse 1
☎ (02 21) 257 39 50, www.peters-brauhaus.de
Tägl. 11–0.30 Uhr
1544 stand hier das Brauhaus »Zum Kranz«. 1994 hat
die Monheimer Brauerei Peters & Bambeck die Tradition des Ortes wiederbelebt und bietet gute kölsche
Küche in schöner Atmosphäre.

Sion Brauhaus ➡ F9
Unter Taschenmacher 5–7, Altstadt
☎ (02 21) 257 85 40, www.brauhaus-sion.de
Tägl. außer Mo ab 11.30 Uhr
Unter dieser Adresse ist bereits 1318 eine Braustätte bezeugt. 1912 erwarb der Brauer Jean Sion das Brauhaus,
das rund 600 Plätze in Stuben, Sälen und Schänke bietet.

Zum Alten Brauhaus ➡ H9
Severinstr. 51, Südstadt
☎ (02 21) 60 60 87 80, www.brauhaus-suedstadt.de
Mo–Sa 11–23, So 11–22 Uhr
2009 an dem Standort eröffnet, wo 1894 von Heinrich
Reissdorf eine Brauerei errichtet wurde.

*Zwischen Dom, Rathaus und
Rheinpromenade sind etliche
der traditionsreichen Brauerei-
gaststätten angesiedelt –
so auch Peters Brauhaus*

Biergärten

Aachener Weiher ➡ F/G6
Richard-Wagner-Straße
℡ (02 21) 500 06 14, 508 04 27
www.biergarten-aachenerweiher.de
Tägl. 11–24 Uhr
Biergarten am Fuße eines oft rappelvollen Hügels mit Blick auf das Ostasiatische Museum.

Herbrand's ➡ D4
Herbrandstr. 21, Ehrenfeld
℡ (02 21) 954 16 26, www.herbrands.de
Mitte April bis Sept. Mo–Fr ab 16, Okt. bis Mitte April Di–Fr ab 18, Sa/So ganzjährig ab 13 Uhr
Restaurant, Club, Partylocation, Live-Events und großer Biergarten, in dem am Wochenende bei gutem Wetter gegrillt wird.

Maybach ➡ D8
Maybachstraße 111, Mediapark
℡ (02 21) 912 35 98
http://maybach111.de
Mo–Fr 12–24, Sa 14–24 Uhr

Der Aachener Weiher lädt im Sommer zum Relaxen ein

*Schick am MediaPark gelegen:
der Biergarten Maybach*

Das frühere Bahnhofsgebäude des Güterbahnhofs Gereon beherbergt heute ein schickes Lokal, das mit leckerem Essen und einem großen Biergarten punktet.

Rathenauplatz ➡ G7
Rathenauplatz, Kwartier Latäng
✆ (02 21) 801 73 49
https://rathenauplatz.koeln/biergarten
Mo–Sa 15–23, So 15–21 Uhr
Nachbarschaftstreffpunkt und Biergarten. Bei gutem Wetter füllen sich die Sitzplätze und der Spielplatz nebenan.

Seaside Garden, Club Astoria ➡ westl. F6
Guts-Muths-Weg 3, Müngersdorf, nahe RheinEnergie-Stadion
✆ (02 21) 98 74 51-0, www.club-astoria.eu
Tägl. außer Mo ab 12 Uhr
Tolle Lage: mitten im Stadtwald mit Blick auf den Adenauer-Weiher.

Stadtgarten ➡ E7
Venloer Str. 40, Neustadt Nord
✆ (02 21) 95 29 94-0
www.stadtgarten.de
Mo–Do 12–1, Fr/Sa 12–2, So/Fei 10.30–1 Uhr, Biergarten 12–24 Uhr
Drinnen und draußen und an Sommerabenden immer rappelvoll. ∎

Das Kwartier Latäng (ähnlich dem Pariser Quartier Latin) ist das Studentenviertel Kölns

Nightlife
Clubs, Bars

Freunde der Nacht finden je nach Gusto verschiedene Anlaufstellen in der Kölner Innenstadt. In der **Altstadt**, dem Viertel südlich des Doms, reiht sich eine Kneipe an die andere. Die Mischung aus Brauhäusern und Kölsch-kneipen ist vor allem bei Touristen sehr beliebt.

Das **Friesenviertel**, besonders die Friesenstraße, ist die wohl betriebsamste Gegend nach Einbruch der Dunkelheit. Kneipen und Bars unterschiedlicher Couleur laden zum Flanieren und Verweilen unter dem Motto »sehen und gesehen werden« ein. An den **Ringen** zwischen Kaiser-Wilhelm-Ring und Friesenplatz reihen sich ein paar klassische Discos aneinander, bei denen es erst mal gilt, den kritischen Augen der Türsteher stand-zuhalten (»Crystal«, »Nachtflug«, »Loom« – jeweils Fr/Sa ab 23 Uhr).

Nicht nur Paris hat ein Quartier Latin, in Köln heißt es **Kwartier Latäng** und liegt zwischen Zülpicher Platz und Universität. Hier ist die studentische Szene mit Kneipen und Discos zu Hause. Das sogenannte Bermuda-Dreieck der **schwulen Szene** befindet sich im Areal Schaafen-straße und Mauritiuswall. Locations der **Independent- und Alternativ-Kultur** findet man meist in ehemaligen Industriehallen z. B. in Ehrenfeld (u. a. Sonic Ballroom, Barinton, Heinz Gaul) und in Odonien, dem Gelände gegenüber Kölns Eroscenter.

Clubs

Alter Wartesaal ➡ E10
Johannisstr. 11, Hauptbahnhof
✆ (02 21) 91 28 85-0, www.wartesaalamdom.de
Fr–Mo 22–5 Uhr
Im schönen Jugendstilsaal gibt es Clubsounds und Partys laut Terminkalender.

Club Bahnhof Ehrenfeld ➡ D5
Bartholomäs-Schink-Str. 65/67, Ehrenfeldgürtel
✆ (02 21) 53 09 88 80, www.cbe-cologne.de
Club je nach Event, Biergarten Mo–Do ab 17, Fr ab 16, Sa/So ab 15 Uhr
Partyreihen, Poetry Slam und jede Menge Konzerte bietet das vielseitige Programm des CBE, der sich in einem Bogen des Ehrenfelder Bahnhofs befindet. Lohnt sich.

diamonds ➡ E7
Hohenzollernring 90, Innenstadt
✆ (02 21) 160 86-20
www.club-diamonds.de
Wenn eine Kölner Disco dank prominenter Gäste in den Boulevardmedien auftaucht, dann das diamonds, das auch schon zum »Besten Club Deutschlands« gekürt wurde.

Disco in der Säulenhalle des Alten Wartesaals

Einundfünfzig → F7
Hohenzollernring 51, Innenstadt
℡ (02 21) 16 90 64 70
www.einundfuenfzig.com
Do–Sa Preclubbing ab 19 Uhr, Do ab 22 Uhr Livemusik,
Fr/Sa ab 23 Uhr Clubbing
Ambitionierte Location. Gut gestylt essen, trinken, tanzen bei Latin Pop, Hip-Hop, Soul und House.

E-Werk → westl. A13
Schanzenstr. 37, Mülheim
℡ (02 21) 967 90, www.e-werk-koeln.de
Die große Halle wird regelmäßig für Konzerte und beim Karneval für die Stunksitzung genutzt.

GEBÄUDE 9 → D12
Deutz-Mülheimer Str. 127–129, Deutz
℡ (02 21) 81 46 37
www.gebaeude9.de
In der ehemaligen Fabrikhalle im KHD-Komplex gibt es ein unkonventionelles Programm: Konzerte (Independent und elektronische Musik), Clubbing, multimediale Performances, Film, Theater.

Gloria → F8
Apostelnstr. 11, nahe Neumarkt
℡ (02 21) 66 06 30
www.gloria-theater.com

Beliebter Veranstaltungsort im Zentrum: das Gloria Theater

Bars und Clubszene beleben das Belgische Viertel

Das ehemalige Premierenkino ist ein kleiner, feiner Veranstaltungsort für Konzerte, Theater, Kino und Empfänge. Das Café im Foyer bietet täglich Frühstück und kleine Snacks zur Stärkung.

JAKI – Klub im Stadtgarten ➡ E7
Venloer Str. 40, Innenstadt
℡ (02 21) 95 29 94 30, www.stadtgarten.de
Der Klub JAKI hat 2019 das Studio 672 abgelöst. Neben Konzerten gibt es auch Clubnächte – Pop-, Jazz- und aktuelle Clubkultur sind gleichermaßen vertreten. Mit dem Namen würdigte man den 2017 verstorbenen deutschen Schlagzeuger Jaki Liebezeit, Mitglied von Can und Wahlkölner.

LUXOR ➡ H7
Luxemburger Str. 40, Kwartier Latäng
℡ (02 21) 92 44 60, www.luxor-koeln.de
Partys Fr/Sa ab 23 Uhr
Musikclub mit Tradition und studentischem Publikum. Auch Konzerte.

Subway ➡ F6
Aachener Str. 82–84, nahe Aachener Weiher
www.subway-der-club.de
Do–Sa ab 23 Uhr
Die ehemalige Jazzclub-Legende ist heute auch ein Ort für Funk, HipHop, Dancehall-Parties und Clubkonzerte.

KölnTurm im MediaPark: Die Aussicht ist vor allem am Abend wunderschön

Vanity Club Cologne ➡ F7
Hohenzollernring 16–18, nahe Rudolfplatz
✆ (02 21) 28 06 46 30
http://vanity.cc
Di und Do–Sa ab 22 Uhr, Küche täglich ab 11 Uhr
Oben dinieren, im Souterrain Tanzen – so das Konzept dieses exklusiven Clubs. Die Gastronomie ist durchaus empfehlenswert. Bei House und Soul macht das Tanzen auch jenseits der 30 Spaß. Abendgarderobe ist ein Muss.

Wiener Steffie ➡ F9
Quatermarkt, Gürzenichpassage Altstadt
✆ (02 21) 257 68 00
www.wiener-steffie.com
Fr/Sa 20–5 Uhr
Zentral gelegenes Partylokal – eine Mischung aus Bierzelt und Ballermann: tanzen, feiern, anmachen und Alkohol in Strömen.

Bars

Die Kunstbar ➧ F9
Chargesheimerplatz 1, nahe Dom
✆ (0172) 527 98 45, www.diekunstbar.com
Di–Do ab 19, Fr/Sa ab 20 Uhr
Ausgefallene Szenebar mit eigenwilligem Designkonzept. Jedes Jahr gestaltet ein Künstler die Bar mit Einrichtung, Farben, Musik, Dekoration und auch das Getränkeangebot neu.

Ona Mor ➧ G7
Roonstraße 94, Belgisches Viertel
✆ (02 21) 16 87 45 24, www.onamor.de
Tägl. außer Di ab 20 Uhr
Eine klassische Cocktailbar: Lässige Atmosphäre (ohne Dresscode), freundlicher Service und ausgezeichnete Cocktails.

Osman30 ➧ D8
KölnTurm im MediaPark 8 (30. Etage)
✆ (02 21) 50 05 20 80
www.osman-cologne.de
Tägl. ab 18.30 Uhr
Ob man im Restaurant gut essen kann, darüber streiten sich die Geister. Aber es gibt ja noch den Weinsalon mit Cocktails, Wein, Tapas und dem atemberaubenden Blick aufs nächtliche Köln.

Im Rosebud im Quartier Latäng treffen sich Kreative und Bänker zum Cocktail

Rosebud ➡ G7
Heinsbergstr. 20, Kwartier Latäng
✆ (02 21) 27 20 74 12, www.rosebudbar.de
Di–Sa 17–1, So 17–22 Uhr
Kölns älteste Cocktailbar punktet mit stilvoller Einrichtung und einem lauschigen Innenhof. Dazu sorgen kompetente Bartender für unvergessliche Abende.

Seiberts ➡ F7
Friesenwall 33
✆ (02 21) 30 19 50 13, www.seiberts-bar.com
Tägl. außer Mo 17–2 Uhr
Mehrfach ausgezeichnete, exklusive Adresse.

Spirits Bar ➡ G7
Engelbertstr. 63, nahe Rudolfplatz
✆ (02 21) 20 53 80 44, www.spiritsbar.de
Mo–Do 20–2, Fr/Sa 20–3 Uhr
»Bar des Jahres« 2014 mit dem »Barteam des Jahres« – das ist wie ein doppelter Oscar, den die Fachwelt dem Spirits zuerkannt hat. Eine erstklassige Cocktailbar.

Toddy Tapper
Schillingstr. 27, Agnesviertel
✆ (02 21) 44 70 74 08, www.toddytapper.de
Tägl. außer So 16–24 Uhr
Überraschende Eigenkreationen und Cocktails mit internationalem Flair sind die Spezialitäten dieser charmanten, kleinen Bar in der Nordstadt. ■

Exklusives Ambiente erwartet Besucher von Seiberts Bar

*Kölsch sprechen die Puppen
im Hänneschen Theater*

Kultur und Unterhaltung
Theater, Literatur, Musik, Kinos, Tickets

Kleinkunst, Kulturveranstaltungen, Lesungen, Tanz-perfomances, Pantomime, politisches Kabarett – in der Medienstadt Köln leben sehr viele Musiker, Künstler, Autoren, Kabarettisten, DJs, Filmleute und andere Kreative ... Gut, Köln ist nicht Berlin, aber auch wenn die Stadt vielleicht nicht durchweg mit Metropolencharakter glänzt, macht der persönliche Charme vieler Locations und das kontaktfreudige, begeisterungsfähige Publikum vieles wett.

Termine finden Sie in der *Monatsvorschau,* die bei KölnTourismus erhältlich ist, sowie in der Tagespresse, donnerstags im »Ticket« des *Kölner Stadt-Anzeiger*s und in den *Stadtmagazinen*.

Theater, Literatur

Atelier Theater ➡ G7
Roonstr. 78, nahe Rudolfplatz
✆ (02 21) 24 24 85, www.ateliertheater.de
Theaterleiterin Rosa K. Wirtz präsentiert Kabarett und Comedy.

Comedia Theater ➡ J9
Vondelstr. 4–8, nahe Chlodwigplatz
✆ (02 21) 888 77-222, www.comedia-koeln.de

Szenebild aus »Werther in Love« im Comedia Theater

In zwei Sälen werden Kindertheater und Junges Theater, Theater, Tanz und Konzerte für junges wie erwachsenes Publikum und vor allem hochkarätige Gastspiele aus Kabarett & Comedy geboten.

Freies Werkstatt Theater ➡ J9
Zugweg 10, nahe Chlodwigplatz
℗ (02 21) 32 78 17, www.fwt-koeln.de
Freies Theater, das seit 30 Jahren mit experimentellen Arbeiten und einem engagierten Gesamtkonzept beeindruckt.

Hänneschen Theater ➡ F10
Eisenmarkt 2–4, nahe Heumarkt
℗ (02 21) 258 12 01, www.haenneschen.de
Seit 1802 traditionelles Stockpuppentheater für Kinder und Erwachsene. Gespielt werden verschiedene Stücke ca. 270 Mal im Jahr in weitgehend verständlichem Kölsch.

Horizont Theater ➡ D9
Thürmchenswall 25, nahe Ebertplatz
℗ (02 21) 13 16 04, www.horizont-theater.de
Seit 1989 bereichert das kleine Horizont Theater die »Freie Theaterszene« Kölns.

Kabarett-Theater Klüngelpütz ➡ F8
Gertrudenstr. 24, nahe Neumarkt
℗ 0152-04 44 33 68, kluengelpuetz.de

Lesungen und Kabarett mit Musik, Impro, Theater und Liederabende – das kleine Theater ist so vielseitig und kritisch wie seine engagierte Chefin Marina Barth.

Kulturkirche Köln ➡ B8
Siebachstr. 85, Nippes
☎ (02 21) 973 10 30, www.kulturkirche-koeln.de
Die Lutherkirche, nach wie vor Gemeindekirche, wird auch als Veranstaltungsort für Konzerte, Lesungen, Kabarett, Film und Kunst genutzt.

Literaturhaus Köln ➡ G8/9
Großer Griechenmarkt 39, nahe Wasserturm
☎ (02 21) 995 55 80, www.literaturhaus-koeln.de
Im mitgliederstärksten deutschen Literaturhaus finden wöchentlich zwei bis drei Veranstaltungen von Autorenlesungen, Debatten bis zu Performances sowie Ausstellungen statt.

Orangerie Theater ➡ J8
Volksgartenstraße 25, Neustadt-Süd
☎ (02 21) 952 27 09, www.orangerie-theater.de
Das freie Theaterhaus am Volksgarten wird seit 1990 bespielt. Zahlreiche Ensembles aus den Bereichen Theater, Tanz und Performance bringen hier ihre Produktionen auf die Bühne.

Scala-Theater ➡ F7
Hohenzollernring 48, Innenstadt
☎ (02 21) 420 75 93, www.scala-koeln.de

In der Volksbühne wird Kölsch zelebriert

Deftiger bis derber kölscher Humor wird in dem von Walter Bockmayer gegründeten Theater geboten.

Schauspielhaus Köln ➡ D8
Vorübergehend im DEPOT 1 und 2, Schanzenstr. 6–20
℅ (02 21) 22 12 84 00
Abendkasse ℅ (02 21) 22 12 82 52
www.buehnen-koeln.de
Klassische und zeitgenössische Dramen sowie Avantgardestücke werden inszeniert.

Senftöpfchen ➡ F9
Große Neugasse 2–4, Altstadt
℅ (02 21) 258 10 59
www.senftoepfchen-theater.de
Karten auch über KölnTicket
Die renommierte private Kleinkunstbühne besteht seit 1959. Vielseitiges Programm – Revue, Kabarett, politische Satire, Liedermacher – und Service während der Vorstellung.

Theater am Dom ➡ F9
Glockengasse 11 (Opern Passage)
℅ (02 21) 258 01 53/54, www.theateramdom.de

Innenraum des Senftöpfchens

Eine Produktion von Mary Shelleys »Frankenstein« im Theater im Bauturm feierte September 2019 Premiere

Klassisches Boulevardtheater, das sein Publikum seit Jahren gut unterhält.

Theater der Keller ➡ H12
In der TanzFaktur
Siegburger Str. 233 W, Deutz, Tram 7: Poller Kirchweg
☎ (02 21) 31 80 59, www.theater-der-keller.de
Avantgardistisches freies Theater, das gesellschaftspolitisch und philosophisch anspruchsvolle Zeitstücke, aber auch moderne Klassiker-Adaptionen produziert.

Theater im Bauturm ➡ F7
Aachener Str. 24, nahe Rudolfplatz
☎ (02 21) 52 42 42, www.theater-im-bauturm.de
1983 gegründet, seit 2016 – unter neuer Leitung – werden vorwiegend eigene Stücke gespielt, die sich kritisch mit dem Kölner Stadtgeschehen und mit Fragen der Globalisierung auseinandersetzen.

Theater Tiefrot ➡ D9
Dagobertstr. 32, nahe Hauptbahnhof
☎ (02 21) 460 09 11, www.theater-tiefrot.com
Das Kellertheater Tiefrot unter dem Hopper Hotel St. Antonius gilt inzwischen als renommiertes Off-Theater.

Volksbühne am Rudolfplatz ➡ F7
Aachener Str. 5
☎ (02 21) 25 17 47, www.volksbuehne-rudolfplatz.de
Im ehemaligen Millowitsch-Theater hat Kölsche Musik ein Zuhause. Aber auch Klassik und Pop, Filme, Lesungen und Talk, Kabarett, Comedy und Theater beleben die Volksbühne.

*Perfekte Akustik:
die Kölner Philharmonie*

Musik

Altes Pfandhaus ➡ J9
Kartäuserwall 20, nahe Chlodwigplatz
✆ (02 21) 340 32 10, www.altes-pfandhaus.de
Konzert- und Veranstaltungssaal in der ehemaligen
Pfandkreditanstalt mit 150 Sitzplätzen für Jazz, Klas-
sik, Lesungen.

Gürzenich ➡ F9
Martinstr. 29–37
✆ (02 21) 284 89 11, www.koelnkongress.de
Historischer Fest- und Konzertsaal.

Klaus-von-Bismarck-Saal im WDR ➡ F9
Wallrafplatz 5, nahe Dom
Konzerte des WDR, Nachtmusik (So vormittags); Mati-
nee der Liedersänger. Karten über KölnTicket.

Kölner Philharmonie ➡ F9
Bischofsgartenstr. 1, am Dom/Hauptbahnhof
Tickets ✆ (02 21) 28 02 80 oder bei KölnTicket
www.koelner-philharmonie.de
Konzertsaal Nr. 1 in Köln mit erstklassigen Aufführungen; internationale Stars und Orchester, Kölner Rundfunk-Sinfonie-Orchester, Gürzenich-Orchester.

LANXESS arena ➡ F11
Willy-Brandt-Platz 1, Deutz
Tickets ✆ (02 21) 80 20, www.lanxess-arena.de
Konzerte internationaler und deutscher Stars; auch andere Veranstaltungen.

Musical Dome ➡ E10
Goldgasse 1, am Hauptbahnhof
✆ 01805-20 01, www.musical-dome.de
Ursprünglich als Provisorium errichtet, hält sich die Spielstätte für Musicals nun bereits seit 1996.

Infoschilder bei Papa Joe's

Oper Köln im StaatenHaus ➡ E11
Rheinparkweg 1, Deutz, U1, 3 4, 9: Bhf. Deutz/Messe
✆ (02 21) 221-284 00, www.oper.koeln.de
Bis zur Wiedereröffnung des Riphan-Baus fungiert das StaatenHaus als Spielstätte.

Papa Joe's Jazzlokal »Em Streckstrump« ➡ F9
Buttermarkt 37, Altstadt
✆ (02 21) 257 79 31, www.papajoes.de
Live-Jazz mit Bands aus dem In- und Ausland.

*Wunderschön beleuchtet
am Abend: der Tanzbrunnen
im Rheinpark*

Stadtgarten ➡ E7
Venloer Str. 40, Innenstadt
✆ (02 21) 95 29 94-0, -11 (Konzertbüro)
www.stadtgarten.de
Innovativer Jazz, Musikerszene Europas und Amerikas, ca. 15 Veranstaltungen im Monat.

Tanzbrunnen im Rheinpark ➡ E11
Rheinparkweg 1, Deutz, Info Kölnkongress
✆ (02 21) 821 31 83
Karten bei KölnTicket und an den Kassen vor Ort
April–Sept.
Folklore, Jazz, Rock, Pop und Kölsche Musik.

Kinos

Cinedom ➡ D8
Im MediaPark 1, Innenstadt
✆ (02 21) 951 95-195 (Reservierung), -93 (Programm-info), www.cinedom.de
Großkino mit modernster Ausstattung und Gastrono-mie.

Cinenova ➡ D4
Herbrandstr. 11, Ehrenfeld
✆ (02 21) 954 17 22, www.cinenova.de
Schönes Kino in Ehrenfeld, auch gut für ein Kölsch oder etwas Essbares, mit Biergarten, im Sommer Open-Air-Kino.

Metropolis ➡ D9
Ebertplatz 19, Innenstadt
✆ (02 21) 72 24 36 (Reservierung), ✆ (02 21) 739 12 45 (Programminfo), www.metropolis-koeln.de
Originalfassungen, Kinderfilme.

Odeon ➡ H9
Severinstr. 81, Südstadt
✆ (02 21) 31 31 10, www.odeon-koeln.de
Bevor das Odeon-Programmkino einzog, lag hier das Theater eines Kölner Originals: Trude Herrs Theater im

Wer Blockbuster schätzt, ist im Cinedom am MediaPark richtig

Im Auto kann man Kino einmal ganz anders erleben

Vringsveedel. Schönes Kino mit (kleiner) Kneipe und Biergarten und guter Filmauswahl.

Off-Broadway ➡ H7
Zülpicher Str. 24, Kwartier Latäng
✆ (02 21) 820 57 33, 23 24 18, www.off-broadway.de
Programmkino mit Café und Biergarten.

Autokino Drive-in Köln-Porz ➡ östl. H13
Rudolf-Diesel-Str. 32, Porz-Eil
✆ (08151) 903 40, http://autokino-koeln.de
Riesenleinwand (36 m x 15 m), Platz für 1000 Pkw. Nur in deutscher Sprache.

Tickets

KölnTicket
www.koelnticket.de
✆ (02 21) 28 01

Zentrale Verkaufsstellen
– Two Stars Ticket, Breite Str. 36 ➡ F9
✆ (02 21) 258 01 49
– Hohenzollernring 2–4, am Rudolfplatz ➡ F7
✆ (02 21) 258 29 57
– Neumarkt, in der U-Bahn-Passage ➡ F/G8
✆ (02 21) 257 38 42
– KölnTourismus, Kardinal-Höffner-Platz 1, nahe Dom
➡ F9
✆ (02 21) 221-304 00 ■

»City Shopping« in der Schildergasse

Shopping
Einkaufszentren, Kaufhäuser, Spezialgeschäfte

Zwischen Dom und Neumarkt liegen Kölns beliebteste und meistbesuchte Shoppingmeilen Hohe Straße, Schildergasse und Breite Straße. Die Enge der **Hohe Straße** beruht darauf, dass diese Nord-Süd-Verbindungsstraße bereits in römischer Zeit angelegt wurde. Sie wurde 1967 die erste Fußgängerzone Deutschlands. Von ihr zweigt die **Schildergasse** ab, die mit über 10 000 Besuchern täglich die meistfrequentierte Einkaufsstraße Deutschlands ist. Hier liegen Kaufhäuser und Filialisten wie H&M, Zara, Mango, Esprit, New Yorker und Sport Scheck. An der **Fußgängerzone Breite Straße** befinden sich die **WDR-Arkaden**, die modernisierten **Opern Passagen** und das **DuMont-Carré**.

Einkaufszentren

Albertusstraße, St.-Apern-Straße und Kreishausgalerie ➡ F8
Neben Antiquitätenläden findet man hier Kunsthandlungen und diverse Galerien mit Gemälden, Skulpturen, Grafiken und zeitgenössischer Fotografie.

Belgisches Viertel ➜ F/G7
Shoppen für Individualisten: Zwischen Venloer und Zülpicher Straße haben sich kleine Läden mit jungen und
kreativen Modeideen von Avantgarde bis Retro-Look
niedergelassen. Dazwischen gibt es Schuhe, Schokolade und Schmuck. Zudem Süßes zwischen Kunst und
Kuchen (Antwerpener Str. 39) und Buntes im Blumen-
garten Köln (Venloer Str. 9).

Neumarkt Passage ➜ F8
Bücher, exklusives Modedesign, Schmuck, Hüte, Füll-
halter und dazu Cafés und Speisemöglichkeiten mit
Blick auf einen künstlichen Wasserfall – anspruchsvoll
in Angebot und Ambiente.

Opern Passagen ➜ F8/9
Zwischen Breite Straße und Glockengasse
1964 als eine der ersten Einkaufspassagen eröffnet.
Inzwischen komplett umgestylt. Hier kauft man Por-
zellan, Musikinstrumente, Handtaschen, Kunstdrucke
und im Stammhaus 4711 natürlich Echt Kölnisch Wasser.

*Alles neu unter der Eistüte:
Skulptur von Claes Oldenburg
und Coosje van Bruggen am
Neumarkt*

Ringe ➜ D–G7/8
Besonders zwischen Zülpicher Platz und Christophstraße
findet sich die deutschlandweit größte Ansammlung
von exklusiven Einrichtungs- und Designermöbelge-
schäften. Am Friesenplatz bietet Weingarten Sportklei-
dung, Trendmode und als Besonderheit Spezialgrößen.

*Shopping bei Vintage Emde
im Belgischen Viertel*

WDR-Arkaden ➡ F9
Breite Straße
Einkaufspassage und Medienzentrum. Oben befindet sich die Kantine des WDR, unten das »Gläserne Studio«, aus dem live übertragen wird. Ebenerdig liegen Mausladen und die Hauptpost.

Zwischen Rudolfplatz und Neumarkt ➡ F8
Mittel- und Pfeilstraße, Kölns exklusivste Einkaufsstraßen, bieten Schmuck- und Schuhläden sowie Hochwertiges von Kenzo bis Strenesse. Im **Bazaar de Cologne** zeigt z. B. der Apropos Concept-Store seine Produkte. Trendlabels findet man in **Aposteln- und Ehrenstraße**, wo Läden wie Urban Outfitters, & other Stories, White Stuff Publikum anlocken. Dazwischen gibt es Cafés und Bistros.

Kaufhäuser

Galeria Kaufhof ➡ F9
Hohe Straße
Mo–Do 9.30–20, Fr 9.30–21, Sa 9–20 Uhr
Das Konzern-Flaggschiff der Kaufhof AG wurde 1912–14 von Willhelm Kreis erbaut. Auftraggeber war Leonhard Tietz, der hier das erste moderne Kaufhaus Deutschlands eröffnete, in dem 1925 die erste Rolltreppe Deutschlands in Betrieb genommen wurde.

Im Sommer bummeln Passanten gern über den Neumarkt

Die Neumarkt Passage schließt sich an das Ende der Schildergasse an

Karstadt ➡ F8
Breite Str. 103–135
Tägl. außer So 10–20 Uhr
Das Kaufhaus Carl Peters war Bombentreffern zum Opfer gefallen. In den 1950er Jahren übernahm der Karstadt-Konzern die Bauruine und errichtete das Kaufhaus neu.

Peek & Cloppenburg ➡ F/G9
Schildergasse 65–67
Tägl. außer So 10–20, Fr bis 21 Uhr
2005 eröffnete das Kaufhaus in dem beeindruckenden Glasbau des Star-Architekten Renzo Piano mit Damen-, Herren- und Kinderbekleidung.

Spezialgeschäfte

Besteckhaus & Besteckmuseum Glaub ➡ F9
Komödienstr. 107–113, nahe Dom
℡ (02 21) 13 41 36
www.besteckhaus-glaub.com
Laden Di–Fr 11–18, Sa 11–14, Ausstellung tägl. 11–21 Uhr
Das Familienunternehmen besteht seit 1950 und bietet im exklusiven Ladeninterieur mit großen Glasvitrinen 500 extravagante Besteckmuster. Für Reparaturen und Restaurationen steht eine eigene Werkstatt zur Verfügung, wo auch verlorene Einzelstücke nachgefertigt werden.

Buchhandlung Klaus Bittner ➡ F8
Albertusstr. 6, nahe Neumarkt
℡ (02 21) 257 48 70, www.bittner-buch.de
Mo–Fr 10–19, Sa 10–18 Uhr

Buchhandlung Bittner am Neumarkt

Auf der Hohe Straße

Kölns Fachbuchhandlung für deutsche und internationale Literatur, Theater, Tanz, Film, Judaica und Geisteswissenschaften.

Buchhandlung Walther König ➔ F8
Ehrenstr. 4, nahe Neumarkt
☎ (02 21) 205 96-0
www.buchhandlung-walther-koenig.de
Mo–Fr 10–19, Sa 10–18 Uhr
International führende Kunstbuchhandlung; modernes Antiquariat. Ableger im Museum Ludwig.

Dom-Shop ➔ F9
Roncalliplatz 2, nahe Dom
☎ (02 21) 179 40-444
Mo–Sa 10–19 Uhr, So 11–19 Uhr
Alles, was Sie schon immer mit dem Motiv des Kölner Doms erwerben wollten.

Globetrotter Ausrüstung ➔ F8
Richmodstr. 10, Olivandenhof, Innenstadt
☎ (02 21) 27 72 88-0, www.globetrotter.de
Mo–Do 10–20, Fr/Sa 10–21 Uhr
Megastore für Outdoor-Equipment mit diversen Erlebniswelten von der Kältekammer bis zu Schwimm- und Tauchbecken und einer Kletterwand.

Gummi Grün ➔ F8
Richmodstr. 3, nahe Neumarkt
☎ (02 21) 25 30 46, www.gummi-gruen.de
Mo–Fr 9–18.30, Sa 9.30–16 Uhr
Gegründet 1884. Der Laden führt Schläuche, Matten, Bademützen, Handschuhe, Stopfen, Dichtungsringe, Wärmflaschen, Planen, Einmachgummis, Stiefel bis Größe 52 etc. – natürlich alles aus Gummi.

Honig Müngersdorff ➔ G8
An St. Agatha 37, Innenstadt, neben dem Kaufhof
☎ (02 21) 92 59 05-0, www.honig-muengersdorff.de
Mo–Fr 10–18, Sa 10–16 Uhr
DIE Kölner Adresse in Sachen Honig. Ungezählte Sorten und ein breites Sortiment an Honigwein, Bonbons, Likör, Pflegeprodukten, Kerzen und jeglichem Imkereibedarf führt der Familienbetrieb.

Manufactum-Warenhaus im Disch-Haus ➡ F9
Brückenstr. 23, Innenstadt
✆ (02 21) 29 94 23 23
Mo–Fr 10–19, Sa 10–18 Uhr
Haushaltswaren, Möbel, Bekleidung, Bürobedarf,
Lebensmittel, Spielwaren, Gartenzubehör, Medizin und
Kosmetik, überwiegend aus traditioneller Fertigung.
Hohe Qualität und klassisches Design.

Mayersche Buchhandlung ➡ F8
Neumarkt 2, Innenstadt
✆ (02 21) 20 30 70, www.mayersche.de
Tägl. außer So 10–20 Uhr
Kölns größte Buchhandlung mit Bücher- und Spielewelt
sowie Café.

Muji ➡ F9
Minoritenstr. 1, Innenstadt
✆ (02 21) 27 75 86 77, www.muji.eu
Tägl. außer So 10–20 Uhr
Die japanische Ausgabe der Manufactum-Idee. Hier
lädt puristisches Design zum Stöbern ein.

SCHEE Gedrucktes ➡ F7
Maastrichter Str. 36, nahe Brüsseler Platz
www.schee.net
Siebdrucke, Fine Art Print und Wohnaccessoires für
viele Geschmäcker. Ein toller Laden zum Stöbern. ■

*Ob originelle Souvenirs,
Geschenkideen oder Nützliches
für zu Hause, der Dom muss
immer dabei sein*

Farina-Haus in der Altstadt

Mit Kindern in der Stadt
Lernen, Spiel und Spaß

Wer wissen möchte, was in Köln für die Kleinen los ist, informiert sich beim **Äktschen-Telefon**, ✆ (02 21) 255 55 oder unter www.koeln.kinder-stadt.de.

Die Kölner Museen bieten spezielle Kinderführungen und Veranstaltungen an (Infos beim **Museumsdienst Köln**, ✆ 02 21-22 12 34 68). Zwei Museen sind für Kinder besonders spannend: das **Schokoladenmuseum** und das **Deutsche Sport & Olympia Museum**. Highlights sind natürlich **Zoo und Aquarium** oder auch das **Odysseum** (vgl. S. 76) in Kalk.

Für Wasserspaß sorgen **Aqualand** oder **Agrippabad**, weitere Schwimmbäder unter www.koelnbaeder.de. Spielplätze findet man unter www.spielplatztreff.de/spielplaetze/köln. Einen ganzen Tag Zeit nehmen sollte man sich für den Besuch des **Phantasialands** in Brühl. Der große Freizeitpark gehört zu den beliebtesten Deutschlands und bietet neben zahlreichen Fahrgeschäften und Shows auch Spielplätze.

Lernen

Duftmuseum im Farina-Haus – Kostümführung für Kinder ➜ F9
Obenmarspforten 21, Altstadt
✆ (02 21) 399 89 94, https://farina.org
Nur mit Anmeldung
Eintritt € 9/7,50, unter 10 J. frei

Seit Oktober 2013 beheimatet das Odysseum »Das Museum mit der Maus«

Am 19. September 2004 wurde im Kölner Zoo ein etwa zwei Hektar großes Gehege für die asiatischen Elefanten, der »Elefantenpark Köln«, eingeweiht

Johann Maria Farina, ein Schauspieler im Rokoko-Kostüm, begleitet die Besucher höchstpersönlich durch die Welt des Duftes und führt sie in die Geheimnisse und die Geschichte des weltberühmten Eau de Cologne ein.

Finkens Garten ➡ aC3
Friedrich-Ebert-Str. 49, Rodenkirchen
U16: Rodenkirchen, Bus 131: Römer-/Konrad-Adenauer-Straße
✆ (02 21) 285 73 64 (13–14 Uhr)
Tägl. 9 Uhr bis Sonnenuntergang, Eintritt frei
Im Naturerlebnisgarten für Kinder neben dem Forstbotanischen Garten kann man durch Beobachten, Riechen, Schmecken und Tasten Natur hautnah erfahren.

Zoo und Aquarium ➡ B/C11
Riehler Str. 173, Riehl, U18: Zoo/Flora
✆ 018 05-28 01 01, www.koelnerzoo.de
Tägl. 9–18, Zoo im Winter nur bis 17 Uhr
Eintritt € 19,50/14,50, bis 12 J. € 9, unter 4 J. frei
1860 gegründet ist dies einer der ältesten und größten zoologischen Gärten Deutschlands. Hier leben über 10 000 Tiere aus über 700 Tierarten. Besonders schön: die Raubtiergehege, das gitterlose Eulenhaus, das Elefantenhaus und das Hippodrom.

Spiel und Spaß

AbenteuerHallenKALK ➡ aB3
Christian-Sünner-Straße, Kalk
U1, 9: Kalk Kapelle
✆ (02 21) 880 84 08, https://ahk.abenteuerhallenkalk.de
Diverse Aktivitäten und Angebote

*Im Aqualand können sich
Groß und Klein austoben*

Eine 1000 m² große und 11 m hohe ehemalige Fabrikhalle mit Cafeteria, Kletterwand und Angeboten für
Basketball, Streetball, Inlineskating und Streetsoccer
sowie einem großen Bike- und Skatepark.

Aqualand ➡ aA2
Merianstr. 1, am Fühlinger See
U15, S11: Chorweiler, Bus 120, 121: Merianstraße
℡ (02 21) 70 28-0, www.aqualand.de
Tägl. 9.30–23 Uhr, Eintritt je nach Aufenthaltsdauer ab
€ 14,90/11,90 (7–15 J.), bis 6 J. € 5,50, bis 2 J. frei
Lagunenlandschaft auf einer Fläche von 2000 m² mit
Heißwassergrotte, Whirlpools, Röhrenrutschen und
mehr.

Bumper Boat Beach ➡ D8
Weiher im MediaPark, Innenstadt
℡ (0160) 90 12 17 08, www.bumper-boat-beach.de
Nur im Sommer Mo–Fr 15–20, Sa/So 12–20 Uhr
Mindestalter 6 J.
Wie Autoscooter fahren auf dem Wasser: batteriebe-
triebene Boote mit 2-PS-Motor und Wasserspritze – nur
bei schönem Wetter.

Glowing Rooms ➡ D5
Indoor 3-D Schwarzlichtminigolf
Venloer Str. 383, Ehrenfeld
℡ (02 21) 58 98 33 85, www.glowingrooms.com/koeln
Mo/Di, Do 14–19, Mi, So 11–19, Fr 14–22, Sa 11–22 Uhr, nur
Online-Buchung, Eintritt € 10/8 (6–12 J.), Fr–So/Fei € 12/8

Ein wirklich innovatives Spektakel, das nicht nur ein-
gefleischte Minigolfspieler begeistert.

Kleinbahn im Rheinpark ➡ D/E11
Zwischen Tanzbrunnen und Zoobrücke
✆ (02 21) 16 81 80 94, http://kleinbahn.koeln
Mitte März–Ende Okt. Mo–Fr 11–18 Uhr
Rundfahrt (2 km Strecke) € 3,50, Kinder € 3, Mi € 2,50
für alle
Fahrkarten beim Lokführer oder am Fahrkartenschalter
(Bahnhof Tanzbrunnen). Die Bahn dreht seit der ersten
Bundesgartenschau ihrer Runden im Park.

KletterFABRIK Köln ➡ D4
Oskar-Jäger-Str. 173, Ehrenfeld, U3, 4, 13: Venloer Straße/
Gürtel, S12: Bahnhof Ehrenfeld
✆ (02 21) 50 05 50 05, www.kletterfabrik-koeln.de
Mo–Fr 9.30–23.30, Sa/Sa 10–22 Uhr
Eintritt je nach Uhrzeit ab € 11,50/7,50 (13–18 J.), bis
12 J. € 6,50
Bouldern, Kinderklettern, über 900 m² Kletterfläche.

Le Mans Karting ➡ aB2
Köhlstr. 37, Ossendorf
U5: Ossendorf, dann 400 m Fußweg
✆ (02 21) 595 23 02
www.le-mans-karting.de
Mo–Sa 12–22, So/Fei 10–22 Uhr, für Kinder ab 7 J.
30 Min. € 175
Fahrtraining oder Rennen – Indoor-Fahrspaß auf 4000 m².

*Im Sommer ein erfrischender
Zeitvertreib: Bumper Boat
fahren im MediaPark*

Okidoki-Kinderland-Köln ➡ aB4
Hansestr. 74–76, Gremberghoven
S13/RB 25: Frankfurter Straße, dann Bus 151 bis Welser-
straße, das Okidoki liegt 100 m weiter links
☎ (022 03) 101 19 03, www.okidoki-koeln.de
Mo–Fr 14–19, Sa/So/Fei und NRW-Ferien 10–19 Uhr
Eintritt € 4,90 (Erw.), 2–16 J. € 9,40, nach 17 Uhr € 5
Aus hygienischen Gründen besteht Sockenpflicht!
Indoorspielplatz mit Hüpfburgen, einer Rollenrutsche,
Kicker, Billard, Kletterleuchtturm, Go-Karts, Trampolin,
großem Feld zum Fußballspielen, Kinderlerncomputer
sowie vielen weiteren Angeboten.

Phantasialand ➡ aD2
Berggeiststr. 31–41, Brühl
U18: Brühl-Mitte, ab dort verkehren Shuttlebusse
☎ (022 32) 366 00, www.phantasialand.de
April–Mitte Nov. tägl. 10–18 Uhr, im Sommer länger,
Mitte Nov.–Mitte Jan. tägl. 11–20 Uhr
Tageskarte € 52,50/42,50 (4–11 J.), unter 4 J. frei
Seit über 50 Jahren existierender Freizeitpark, der
keine Wünsche offenlässt: Wildwasserbahn, Achter-
bahnen, Bungee-Drop-Tower. Mit Themenbereichen:
China Town, Berlin, Afrika, Mexiko, Fantasy, Mystery.
Eine Attraktion ist auch die Themenwelt »Klugheim«
mit der spektakulären Achterbahn »Taron«.

*Spritzige Abenteuerfahrt –
mit der Wildwasserbahn durchs
Brühler Phantasialand*

PHANTASIALAND

Brühl, Nordrhein-Westfalen

S ie ist aggressiv, äußerst angriffslustig und scheut sich auch nicht, größere Gegner zu attackieren. Ihr Tempo ist atemberaubend und zwei Tropfen ihres Gifts reichen aus, um einen Menschen zu töten. Im Gegensatz zu anderen Schlangen ist sie tagaktiv. Für einen Freizeitpark, der täglich von 10 bis 18 Uhr geöffnet hat, ziemlich beängstigend. Trotzdem ist die Schwarze Mamba, die größte Giftschlange Afrikas, im Brühler Phantasialand heimisch. Kopfüber zappeln die Opfer in ihrem Maul. Gellend hallen ihre Schreie durch Schluchten, brechen sich an Felswänden und werden schließlich vom Rauschen eines gigantischen Wasserfalls verschluckt.

Die Achterbahn »Black Mamba« erstreckt sich über ein Areal von 15 000 Quadratmetern. Laut Betreiber ist sie »die gewaltigste physische Herausforderung« und bietet eine »Fahrt wie im Fieberrausch«. Die Bahn macht Überschläge, bei denen die Welt kopfsteht. Die Fahrt durch Korkenzieherdrehungen und die Momente der Schwerelosigkeit entschädigen dafür, dass ansonsten die viereinhalbfache Macht des eigenen Körpergewichts spürbar wird.

Die Mamba ist jedoch nur eine von vielen Attraktionen im rheinischen Freizeitpark Phantasialand. Wasserbahnen, Geisterschloss, ein Bungee-Drop-Tower im Mystery Castle oder umgedrehte Welt im Feng Ju Palace – es gibt nichts, was es nicht gibt. Auch die Shows sind spektakulär, etwa die Eisrevue inmitten eines mexikanischen Dorfplatzes oder das Show-Abenteuer zur Geisterstunde, Musarteum.

Im 4-D-Kino erlebt man die halsbrecherische Schatzsuche an Bord eines Piratenschiffs. Modernste Technik katapultiert die Besucher direkt ins Zentrum der Freibeutergefechte: Mal bläst einem eine kalte Meeresbrise ins Gesicht,

Achterbahn im Themenbereich Deep in Africa im Phantasialand Brühl: Black Mamba.

mal wird man von schäumender Gischt erwischt. In Talocan baumeln die Füße und Köpfe der Fahrgäste frei über schroffen Abgründen, eingebettet in die ehrfurchtgebietenden Ruinen eines Aztekentempels. Noch recht neu ist die Themenwelt Klugheim mit der High-Speed-Achterbahn Taron und dem Family-Boomerang Raik.

INFO: Brühl liegt ca. 20 km südöstlich von Köln. **INFO PHANTASIALAND:** Schmidt-Löffelhardt GmbH & Co. KG, Berggeiststr. 31–41, 50321 Brühl, Tel. (022 32) 366 00, www.phantasialand.de, Öffnungszeiten tägl. April–Mitte Nov. 10–18, Mitte Nov.–Mitte Jan. 11–20 Uhr, sonst geschl., Eintritt € 52,50, ermäßigt (4–11 J.) € 42,50, Herbst, Winter günstiger, online auch.

Auf dem Weiher im Volksgarten kann man Tretboot fahren

Ponyreiten und Streichelzoo im Stadtwald Köln ➡ H3

Kitschburger Straße, Lindenthal
U7, 13: Dürener Straße/Lindenthalgürtel
www.pony-reiten.de, www.lindenthaler-tierpark.de
Reiten Sa 13–18, So/Fei 11–18 Uhr, nicht bei Sturm und
Regen, pro Runde € 3,50, Zehnerkarte € 25
Streichelzoo tägl. 9 Uhr bis Anbruch der Dunkelheit,
Eintritt frei
1895 als Volkspark angelegt, um den Städtern Frisch-
luftbäder, sportliche Betätigung und Naturerlebnis
zu ermöglichen. Der Stadtwald gehört zum Äußeren
Grüngürtel und zieht sich von der Fürst-Pückler-Straße
bis weit hinter den Militärring. Er reicht bis zum Rhein-
EnergieStadion und bietet Spielplätze, weitläufige
Wiesenflächen, Weiher und Wildgehege, Waldstücke
und Baumgruppen, Inseln und Kanäle. Kinder können
auf freundlichen Ponys durch den Stadtwald reiten. Ein
weiteres Highlight ist der Streichelzoo.

Tretbootfahren im Volksgarten ➡ J8

Volksgartenstr. 27, Südstadt
Bei schönem Wetter Mo–Fr ab 15, Sa ab 14, So ab 11.30
Uhr, 30 Min. € 3,50
Auf dem 5,5 ha großen See im Volksgarten ist Selbertre-
ten angesagt. In der Nähe befindet sich ein Spielplatz
mit Klettergerüsten, Kletterseilen, großen und kleinen
Sandkästen und jeder Menge Schaukeln. Außerdem
lockt der Biergarten. ■

Erholung und Sport
Parks, Wellness und mehr

Köln hat eine ruhige Seite. Weite Grünzüge und kleine Parks laden zum Entspannen ein. Wir verdanken ein Großteil des städtischen Grüns Fritz Schumacher. Nach Aufgabe des Äußeren und des Inneren Festungsgürtels (Fort X mit Rosengarten, vgl. S. 95 f.) entwarf er 1920–23 den Plan zu einem gesamtstädtischen Grünsystem. Mit Bäumen, Wiesen und Weihern entstanden so auf sieben Kilometern Länge der Innere und der Äußere Grüngürtel. Die Forts wurden im Rahmen der Umgestaltungsmaßnahmen integriert. Die Grundidee, das Festungsgelände in Wald- und Parkzonen, Spielwiesen und Sportflächen umzuwidmen, wurde später auch auf der rechten Rheinseite umgesetzt. Die Hügel sind nicht selten begrünte Weltkriegstrümmer. Ruhe und Wellness findet man aber natürlich auch in Bädern, Thermen, Spas und Saunen.

Parks

Beethovenpark ➜ K/L4/5
Neuenhöfer Allee/Berrenrather Straße, Sülz
U13: Berrenrather Straße/Gürtel

Flora und Botanischer Garten

Der ruhige Park, zu dem auch der Kahnweiher und der Decksteiner Weiher gehören, die mit Ruderbooten befahren werden, ist 1926 mit dem Äußeren Grüngürtel entstanden und zeigt schönen alten Baumbestand.

Flora und Botanischer Garten → B/C10/11
Amsterdamer Str. 34, U18: Zoo/Flora
℡ (02 21) 56 08 90
Garten 8 Uhr bis Eintritt der Dunkelheit, Gewächshäuser Okt.–März 10–16, April–Sept. 10–18 Uhr, öffentliche Führungen 1. So im Monat 11 Uhr, Treffpunkt Tropischer Hof, Eintritt frei
1862–64 entstand der vielleicht schönste Park der Stadt nach Entwürfen von Peter Joseph Lenné. In der Großgartenanlage sind unterschiedliche Stile vereint. Der Botanische Garten wurde 1914 der Flora angeschlossen und bildet heute mit ihr eine Einheit. Im Freien und in verschiedenen Gewächshäusern kann man mehr als 10 000 Pflanzenarten entdecken. Bis Ende 2013 wurde das Haupthaus, der ehemalige Wintergarten-Palast, saniert.

Stadtgarten → E7
Venloer/Spichernstraße, Innenstadt, nahe Bahnhof West U3, 4, 5, 12, 15: Friesenplatz
Klein, aber zentral: 1832 angelegt zählt dieser Landschaftspark zu den ältesten Grünanlagen der Stadt. Das Stadtgarten Restaurant mit Konzertraum und Kellerbar und der Biergarten, der im Advent als Weihnachtsmarkt genutzt wird, sind zu jeder Jahreszeit einen Besuch wert.

Beliebter Treffpunkt: der Biergarten des Stadtgartens

*Wundervoll am Abend beleuch-
tet: das Agrippabad*

Stadtwald
Vgl. Mit Kindern in der Stadt, S. 166

Volksgarten ➡ J8
Zwischen Eifel- und Vorgebirgstraße, Südstadt
U12: Eifelplatz
Grünanlage, die mit der Neustadtanlage 1887–89 ent-
stand und im Sommer von Familien, Studenten und
Grillrunden überquillt. Mit Weiher, Tretbootverleih,
Biergarten.

Wellness und Bäder

Agrippabad ➡ F8
Kämmergasse 1, Nähe Neumarkt
℡ (02 21) 27 91 73 0
www.koelnbaeder.de/bad/agrippabad/info/
Mo–Fr 6.30–22.30, Sa/So 9–21 Uhr
Eintritt 2,5 Std. € 6,40/4, Tageskarte € 9,20/5,70, Früh-
und Spätnutzer-Rabatt
Vielseitige Badelandschaft mit Kletterwand und 10-
Meter-Turm sowie einem 25-Meter-Becken, das dank
Api-Ball zeitweilig als Wellenbad fungiert. Dazu Kölns
längste Wasserrutsche. Ein Solebecken und ein Vier-
Jahreszeiten-Becken im Freien, zudem diverse Fitness-
und Saunangebote.

Claudius Therme ➡ D11
Sachsenbergstr. 1, im Rheinpark

Im Neptunbad, einem historisches Jugendstilbad, entflieht man dem Alltag in der einzigartigen asiatischen Bäder- und Saunalandschaft mit japanischem Zen-Garten

www.claudius-therme.de
Tägl. 9–24 Uhr, einzelne Bereiche andere Zeiten
Eintritt Mo–Fr 2 Std. € 14,50, Tageskarte € 28,50, Sa/So/
Fei 2 Std. € 16,50, Tageskarte € 30,50, Saunazuschlag € 6
Die Heilwasserbäder der Claudius Therme sind nach römischem Vorbild errichtet. Besonderheit: Ein Pool mit Unterwassermusik, Farben- und Lichtspiel.

Health Club im Savoy Hotel ➡ E9
Turiner Str. 9, Altstadt-Nord
☎ (02 21) 162 30, www.savoy.de
Mo–Do 13–21, Fr–So 10–20 Uhr
Preise auf Anfrage
650 m² große Luxuswellnesslandschaft mit Whirlpool, Finnischer Sauna mit Aquaviva, Dampfbad, Aromabad und eine Felsengrotte mit Erlebnisduschen. Highlight: das Pflegezeremoniell.

Mediterana ➡ aB4
Saaler Mühle 1, Bergisch Gladbach
U1: Frankenforst, 5 Min. Fußweg
☎ (022 04) 202-0, www.mediterana.de
Mo–Fr 9–22.30, Sa/So 9–24 Uhr
Eintritt 2 Std. € 26, 4 Std. € 31,50, Tageskarte € 42
Europas schönste Sauna: eine indisch-arabische Urlaubslandschaft, Thermal- und Vitalquellen sowie 14 verschiedene Saunen.

Neptunbad ➡ E5
Neptunplatz 1, Ehrenfeld
✆ (02 21) 71 00 71, www.neptunbad.de
Tägl. 9–24 Uhr
Eintritt Mo–Fr 2 Std. € 21,50, Tageskarte € 33,50, Sa/So/
Fei 2 Std. € 24,50, Tageskarte € 36,50
Kölns Wellnesskleinod im denkmalgeschützten Jugend-
stilbad mit klassischer Sauna und asiatischer Sauna- und
Bäderlandschaft.

Radfahren und mehr

Call a Bike ➡ E10
DB Rent Breslauer Platz, Hauptbahnhof
✆ 07000 522 55 22
www.callabike-interaktiv.de
Ab € 15 Tagespauschale, Vergünstigung für Bahn-
card-Inhaber
Ein fester Standort liegt hinter dem Kölner Hauptbahnhof. Viele Räder sind aber auch in der Stadt verteilt.
Nach telefonischer Anmeldung lassen sie sich bequem
via Handy freischalten. Wenn Sie ein freies Mietrad
(Schloss blinkt grün) sehen und damit fahren möchten,
rufen Sie die rot umrandete Telefonnummer auf dem
Schlossdeckel an. Sie erhalten einen 4-stelligen Code,
mit dem Sie das Schloss öffnen können.

Radstation Köln ➡ F10
Markmannsgasse, neben der Deutzer Brücke
✆ (02 21) 139 71 90, www.radstationkoeln.de

*Das finnisch-sibirische
Saunadorf im Außenbereich
der Claudius Therme bei
abendlicher Beleuchtung*

Mo–Fr 5.30–22.30, Sa 6.30–20, So/Fei 8–20 Uhr
Gebühr 3 Std. € 6, pro Tag € 12
City Fahrräder, Kinderanhänger, Tandems und Pedelecs
werden angeboten.

RheinEnergieStadion ➡ C1

Aachener Str. 999, U1: RheinEnergieStadion
www.rheinenergiestadion.de
Stadionführungen telefonisch über Köln Ticket ✆ (02 21)
2801 buchbar, ab € 11,50
1923 wurde die rund 55 ha umfassende Sportanlage
als Müngersdorfer Stadion durch Konrad Adenauer –
damals Oberbürgermeister von Köln – eröffnet. 1975
folgte ein Neubau an gleicher Stelle. 2004 löste das
von Gerkan, Marg und Partner errichtete Stadion den
Vorgängerbau ab. Hauptmieter ist der 1. FC Köln. Es
finden aber auch Konzerte statt.

Team Escape

Ein besonderer Spaß für Tüftler und Abenteurer sind
Live Adventure oder Escape Games. Wie im Computer-
spiel taucht man in verschiedene Welten/Räume ein,
wo es darum geht, Rätsel zu lösen, Verbrechen auf-
zuklären oder den Weg in die Freiheit zu finden (ab
2 Personen). Eine Übersicht über die Angebote in Köln
findet man hier: www.escaperoomgames.de/room-
escape-games-koeln. ■

Die größte Event- und Sportlocation von Köln, das RheinEnergieStadion

Mit dem Heißluftballon über die Rheinmetropole fliegen – ein einmaliges Erlebnis

Daten zur Stadtgeschichte

Marmorporträt der Vipsania Agrippina, Mutter Julia Agrippinas, der Stadtgründerin Kölns

Um 38 v. Chr. Die Römer gründen unter ihrem Feldherrn Agrippa, dem Freund und Schwiegersohn von Kaiser Augustus, Statthalter in Gallien, für die germanischen Ubier am linken Rheinufer die Siedlung Oppidum Ubiorum.

50 n. Chr. Agrippina, 15 n. Chr. in der Ubiersiedlung geboren, Enkelin des Agrippa und Gemahlin des Kaisers Claudius, erreicht, dass Köln Stadtrechte und einen neuen Namen bekommt. Dieser umfasst eine kurze Siedlungsgeschichte: *Colonia Claudia Ara Agrippinensium* (CCAA), »die Stadt, die unter Claudius am Platz der ARA auf Wunsch der Agrippina gegründet wurde«. Veteranen, pensionierte Soldaten der am Rhein stationierten Legionen mit ihren Familien, Kunsthandwerker und Händler ließen sich in der Colonia nieder.

50–70 Die CCAA erhält eine etwa vier Kilometer lange Stadtmauer mit neun Toren und 21 Türmen. Ihre Hauptstraßenachsen sind heute in der Kölner City bestimmend: Der Cardo Maximus parallel zum Rhein in Nord-Süd-Richtung ist die Hohe Straße, der Decumanus Maximus vom Rhein nach Westen die Schildergasse.

Um 90 Köln wird Hauptstadt der römischen Provinz Niedergermanien, der Statthalter residiert im Praetorium.

310 Zur Sicherung der Grenze lässt Konstantin eine feste Rheinbrücke errichten, der rechtsrheinische Brückenkopf ist das Deutzer Kastell.

Der alte, karolingische Dom, Nachzeichnung aus dem Hillinus Codex der Kölner Dombibliothek

Groß St. Martin

313/314 An der Stelle des heutigen Doms gibt es eine christliche Kirche; der erste erwähnte Bischof ist Maternus.

401 Die römischen Legionen werden von der Rheingrenze abberufen, Köln gerät unter die Herrschaft der Franken.

Vor 787 Hildebold, Vertrauter Karls des Großen, wird erster Erzbischof von Köln.

925 Köln kommt zum Ostreich, dem Vorläufer des Heiligen Römischen Reiches Deutscher Nation.

953 Bruno, der jüngste Bruder von Kaiser Otto I., wird Erzbischof von Köln und gleichzeitig Herzog von Lothringen – damit sind erstmals geistliche und weltliche Macht vereint. Im Zusammenhang mit der ersten Stadterweiterung gründet er die Kirche Groß St. Martin und lässt zwei Seitenschiffe an den Alten Dom (870) anbauen.

1049 Kaiser Heinrich III. und Papst Leo IX. besuchen Köln, seitdem gab es im Kölner Domstift ständige Vertreter des Papstes und des Kaisers.

1106 Zweite Stadterweiterung: In einem weiten Halbkreis umschließt die fünfeinhalb Kilometer lange Mauer die Stadt.

1164 Rainald von Dassel, Erzbischof von Köln und Reichskanzler für Italien, bringt die Reliquien der Heiligen Drei Könige von Mailand nach Köln. Sie werden im dafür geschaffenen und im Alten Dom aufgestellten Dreikönigenschrein aufbewahrt.

Ab 1180 Dritte Stadterweiterung und Entstehung der acht Kilometer langen, mit zwölf Stadttoren versehenen mittelalterlichen Stadtmauer.

1248 Der Grundstein zum gotischen Neubau des Kölner Doms wird gelegt.

1259 Erzbischof Konrad von Hochstaden verleiht Köln das Stapelrecht. Aus Gründen der Befahrbarkeit des Rheins mussten in Köln die Schiffstypen gewechselt werden. Mit dem Stapeln und Anbieten der Güter vor Ort wird den Kölnern ein Vorkaufsrecht eingeräumt.

1288 In der Schlacht bei Worringen erkämpft sich die Kölner Bürgerschaft gegenüber dem Erzbischof die Unabhängigkeit.

1349 In Köln herrscht die Pest und die Juden werden für die Seuche verantwortlich gemacht.

1388 Gründung der ersten bürgerlichen Universität Deutschlands.

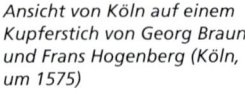

Ansicht von Köln auf einem Kupferstich von Georg Braun und Frans Hogenberg (Köln, um 1575)

1396	Der »Verbundbrief«, die neue Kölner Verfassung, tritt in Kraft. Damit übernehmen die Gaffeln und Zünfte die Macht.
1475	Köln wird de jure Freie Reichsstadt.
1560	Die Bautätigkeit am Dom wird eingestellt.
1632	Während des Dreißigjährigen Krieges besetzen die Schweden Deutz.
1686	Der Kaufmann Nikolaus Gülich wird enthauptet, nachdem er zunächst Missstände im Rat aufgedeckt, aber dann selbst seine Macht missbraucht hatte.
1794	Die französische Besatzung bringt das Ende der Freien Reichsstadt und des Erzbistums Köln.
1802	Alle Stifte und Klöster, soweit sie nicht dem Unterricht oder der Krankenpflege dienen, werden säkularisiert, viele Kirchen geschlossen oder abgerissen. Gleichzeitig wird den Kölner Bürgern die freie Religionsausübung garantiert.
1814/15	Die Franzosen verlassen Köln; auf dem Wiener Kongress werden Köln und das Rheinland Preußen zugeschlagen.
1821	Das Kölner Erzbistum wird wiedereingerichtet.
1831	Dampfschiffe auf dem Rhein machen ein Umladen der Güter unnötig. Das Stapelrecht erlischt.
1842	König Friedrich Wilhelm IV. von Preußen legt den Grundstein zum Weiterbau des Doms.
1863	Die »Festung Cöln« wird fertiggestellt und ist mit 42,5 Kilometern Umfang und 182 Bauteilen die größte Festungsanlage im Deutschen Reich.
1880	In Anwesenheit von Kaiser Wilhelm I. beginnen Feiern zur Vollendung des Doms.
1881	Der vierten Stadterweiterung fällt bis auf wenige Reste die mittelalterliche Stadtmauer zum Opfer. Die Errichtung der Kölner Neustadt beginnt.
1917	Konrad Adenauer wird Oberbürgermeister von Köln. Während seiner Amtszeit werden die Universität neu gegründet, der Innere und Äußere Grüngürtel angelegt und die Messe eröffnet.

Der Kölner Dom inmitten eines Meers von Ruinen und Verwüstung (1945)

1933–45 Unter den Nazis muss Adenauer als Oberbürgermeister zurücktreten. Deportationen jüdischer Bürger erfolgen seit 1941 vom Bahnhof Deutz-Tief. 1942 wird auf dem Messegelände ein KZ eingerichtet.

1945 Am 6. März besetzen amerikanische Truppen das linksrheinische Köln. Etwa 90 Prozent der Altstadt sind zerstört.

1972 Eröffnung des wiederhergestellten historischen Rathauses. Heinrich Böll erhält den Literaturnobelpreis.

1986 Wallraf-Richartz-Museum/Museum Ludwig und die Philharmonie werden eröffnet.

1980er Auf dem Gelände des ehemaligen Güterbahnhofs Gereon entsteht der MediaPark.

1999 Treffen der G-8-Außenminister und Weltwirtschaftsgipfel im Juni. 75 Jahre Kölnmesse. Die Sporthalle wird gesprengt.

2000 Die lit.COLOGNE findet erstmalig statt.

2001 Einweihung des neuen Wallraf-Richartz-Museums – Fondation Corboud.

2003 An der Stelle des Müngersdorfer Stadions steht jetzt der Neubau des RheinEnergieStadions.

2005 Den 20. Weltjugendtag in Köln besuchen eine Million Gäste.

2007 Das von Gerhard Richter entworfene Fenster für das Südquerhaus des Kölner Doms wird im August eingeweiht.

2009 Im Zuge des U-Bahn-Ausbaus stürzen am 3. März drei Gebäude in der Südstadt ein, darunter auch das Historische Stadtarchiv.

2010 Die Einwohnerzahl übersteigt die Millionengrenze. Das neue Rautenstrauch-Joest-Museum – Kulturen der Welt, jetzt Teil des

Kulturquartiers am Neumarkt, eröffnet im Oktober.

2014   Die Flora, einer der schönsten Fest- und Veranstaltungsbauten der Stadt, wird wiedereröffnet.

2015   Seit dem Sommer lädt die Freitreppe des Deutzer Rheinboulevards dazu ein, den Blick auf das linksrheinische Stadtpanorama und den Dom zu genießen.

Mit Henriette Reker wird zum ersten Mal eine Frau in das Amt des Oberbürgermeisters gewählt.

2016   Das frühchristliche Baptisterium, Köln ältester Taufort hinter dem Chor des Doms, ist seit dem Frühjahr durch ein großes Panoramafenster zu sehen.

2018   Bei einem Staatsbesuch eröffnet der türkische Staatspräsident Erdogan in Ehrenfeld die Zentralmoschee. Der Besuch wird von Jubel und Protest begleitet.

2019   Der 1. FC Köln steigt zum 6. Mal in die 1. Bundesliga auf.

2020   Bei den Kommunalwahlen werden die Grünen stärkste Partei im Stadtrat. Henriette Reker bleibt Oberbürgermeisterin. ■

Besucher am Tag der Eröffnung in der Zentralmoschee

Service von A bis Z

Köln in Zahlen und Fakten 181
Anreise 180
Auskunft 183
Feste, Veranstaltungen, Messen 184
Hinweise für Menschen mit Handicap 191
Internet 191
Notfälle, wichtige Rufnummern 192
Presse 193
Rauchen 193
Sightseeing, Touren 193
Sprachhilfen für die kölsche Mundart 198
Verkehrsmittel 201

Anreise

Der Heimatdichter Willi Ostermann schrieb zwar das rührselige Lied vom heimwehgeplagten Kölner, der am liebsten zu Fuß nach Hause gehen möchte, aber heute bevorzugen auch die hartgesottensten Lokalpatrioten flottere Verkehrsmittel.

Mit der Bahn

Die drei von Architekt Alfons Linster entworfenen Kranhäuser am Rheinauhafen sind Hafenkränen nachempfunden

Täglich bringt die Deutsche Bahn rund 150 000 Reisende in den neben dem Dom gelegenen, modernisierten **Kölner Hauptbahnhof** ➡ E9, in dem weitere Zugver-

Köln in Zahlen und Fakten

Alter: über 2000 Jahre
Lage: Breitengrad: 50.9423446655, Längengrad: 6.93487167358
Einwohner: ca. 1 081 200, größte Stadt in NRW, viertgrößte Stadt der Bundesrepublik
Ausländeranteil: 16,4 %, davon sind rund 60 000 Personen türkischstämmig, etwa 18 500 stammen aus Italien, Nationen insgesamt: 181
Besucher: über 2 Mio. jährlich
Fläche: 40 514 ha; 23,3 % Erholungsflächen, 38 % Natur und Landschaft (Feld, Wald, Wiese, Grünstreifen etc.)
Höchste natürliche Erhebung: Königsforst 118 m
Höchste Bauwerke: Colonius Fernmeldeturm 243 m, Kölner Dom 157 m, Axa-Hochhaus 155 m, MediaPark KölnTurm 148 m, KölnTriangle 103 m
Stadtteile: 86, Stadtbezirke: 9
Brücken: 8
Zeitungen: 4 Tageszeitungen, 3 Stadtmagazine
Sender: 10 Rundfunk- und Fernsehsender (WDR, Phoenix, BFBS, DeutschlandRadio, RTL, Radio Köln, VOX, Radio RPR, n-tv, Kanal 4)
Kirchen: 247 (165 kath., 82 ev.)
Galerien: über 100
Museen: 36 mit rund 2 Mio. Besuchern jährlich
Ausländische Kulturinstitute: 10
Übernachten: 26 000 Betten in über 250 Hotels
Restaurants und Kneipen: etwa 2100
Kölsch-Marken: 23
Gesamtausstoß an Kölsch im Jahr: rund 3 Mio. Hektoliter
Studenten: Es gibt elf Hochschulen in Köln. Die 1388 gegründete Albertus Magnus Universität zählt mit über 45 000 Studenten zu den größten Deutschlands. Mehr als 20 000 Studierende sind an der Fachhochschule eingeschrieben.

bindungen und Direktanschlüsse an das internationale Reisezugnetz rund um die Uhr zur Verfügung stehen. Autoreisezüge halten in Köln-Deutz. Während der Messezeiten verkehren Züge zwischen dem Hauptbahnhof und Köln-Deutz.

Mit dem Auto
Über den **Kölner Autobahnring** gelangen Autofahrer in alle Stadtteile und ins Zentrum. Seit 2008 ist die Innenstadt Umweltzone und darf nur von Autos mit einer entsprechenden Feinstaubplakette befahren werden (www.umwelt-plakette.org). Autos ohne Katalysator

Der Köln Bonn Airport ist das größte Drehkreuz für preisgünstige Charterflüge in Kontinentaleuropa

sowie Dieselfahrzeuge ohne Rußpartikelfilter entsprechen den Anforderungen nicht und dürfen somit die Kölner Innenstadt nicht befahren.

Es besteht die Möglichkeit, Fahrzeuge auf Park & Ride-Plätzen abzustellen. Diese grenzen an die Umweltzone und verfügen über eine gute Anbindung an den öffentlichen Personennahverkehr.

Mit dem Flugzeug

Flugzeuge landen auf dem **Köln Bonn Airport** ➡ aC4 (www.koeln-bonn-airport.de, Infocenter ✆ 022 03-40 40 01/02), 15 km südöstlich von Köln. Vom Airportbahnhof aus verkehren alle 20 Minuten S-Bahnen Richtung Köln (S13, auch mit Halt an der Kölnmesse in Deutz) oder Bonn, aber auch ICE- und Regionalexpresszüge halten hier. Fahrzeit von/nach Köln bzw. Bonn: 12 bis 14 Minuten. Die Fahrt mit dem Taxi in die Stadt nimmt etwa 20 Minuten in Anspruch und kostet je nach Tageszeit ca. € 40–50.

Vom **Flughafen Düsseldorf** fährt zu den Messezeiten ein Bus mit der Aufschrift »Kölnmesse« vom Busbahnhof 2 ab. Vom Düsseldorfer Flughafen fährt die S7 bis Düsseldorf Hbf., von hier verkehren in kurzen Abständen Nah- oder Fernverkehrszüge nach Köln.

Mit dem Schiff

Mit dem Schiff kann man auch in Köln anlegen, z. B. mit den schmucken, weißen Fahrgastschiffen der »Köln-Düsseldorfer«.

Auskunft

Im Internet
www.koeln.de, www.stadt-koeln.de

KölnTourismus ➡ F9
Kardinal-Höffner-Platz 1, 50667 Köln, nahe Dom
℗ (02 21) 34 64 30, www.koelntourismus.de
Ganzjährig Mo–Sa 9–20, So/Fei 10–17 Uhr
Neben Hotelzimmerreservierung und Privatzimmervermittlung werden Programme zusammengestellt und Stadtführungen organisiert.

Außerdem erhält man hier die **KölnCard**, die 24- oder 48-Stunden-Karte für € 9 bzw. € 18 pro Person. Sie bietet ermäßigte Eintrittspreise in Museen – bis zu 50 Prozent – und Nachlässe bei vielen weiteren kulturellen Aktivitäten, Vergünstigungen beim Einkaufen sowie in zahlreichen Restaurants. Zusätzlich gewährt sie freie Nutzung der öffentlichen Verkehrsmittel im Stadtgebiet.

DOMFORUM ➡ F9
Domkloster 3, gegenüber dem Haupteingang des Doms
℗ (02 21) 92 58 47-20, www.domforum.de
Mo–Fr 9.30–18.30, Sa 9.30–17, So 13–17 Uhr
Besucher- und Informationszentrum des Doms. Auskunft über Führungen, Infos zu Köln, Kirche und Gesellschaft. Regelmäßige Multivision über den Dom, aktuelles Kulturprogramm.

Stadtführung durch die Altstadt mit den wichtigsten Sehenswürdigkeiten, hier am Alter Markt mit dem Jan-von-Werth Brunnen

PASSAGEN – Interior Design Week Köln

Feste, Veranstaltungen, Messen

Feste, Veranstaltungen:

Januar
PASSAGEN – Interior Design Week Köln – parallel zur Internationalen Möbelmesse stattfindende Plattform für aktuelle Wohn- und Lifestyle-Trends. Größte Designveranstaltung Deutschlands.

Februar/März
Karneval – in der Woche vor Aschermittwoch erreicht die Saison ihren Höhepunkt
lit.COLOGNE – Mitte März stattfindendes, 10-tägiges, gigantisches internationales Literaturfest (www.litcologne.de).

Mai
Kölner Museumsfest – in allen städtischen und einigen anderen Museen, breit gefächerte Programme und verlängerte Öffnungszeiten. Zwischen den einzelnen Häusern verkehren Pendelbusse.
Sommerblut – das inklusive Kulturfest, das zu einem Festivalthema ein vielfältiges Angebot an Theater, Tanz, Musik und mehr präsentiert (www.sommerblut.de/festival).
c/o pop – Festival für elektronische Musik, Indie, Pop- und Clubkultur (https://c-o-pop.de/festival).

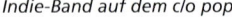

Indie-Band auf dem c/o pop

Der Köln Marathon erfreut sich seit seiner Premiere 1997 großer Beliebtheit

Juni
Phil.Cologne – das internationale Philosophiefestival lädt mit Vorträgen und Diskussionen zum Denken und zum öffentlichen Diskurs ein (www.philcologne.de).

Juni/Juli
Fronleichnamsprozession des Doms – Gottesdienst 9 Uhr auf dem Roncalliplatz.
Mülheimer Gottestracht – Schiffsprozession zu Fronleichnam.
Romanischer Sommer – Musikfest in den romanischen Kirchen Kölns (www.romanischer-sommer.de).

Juli
brückenmusik – jährliche Veranstaltung zur Klangkunst in der Deutzer Brücke (www.brueckenmusik.de).
Christopher Street Day/Cologne Pride – in Anlehnung an die in New York stattfindende Schwulen- und Lesbenparade (www.colognepride.de).
Kölner Lichter – Schiffskonvoi und Uferfeste zwischen Porz und Mülheim, zum Abschluss ein riesiges musiksynchrones Feuerwerk am Ufer der Altstadt (im Juli, www.koelner-lichter.de).

Die Cologne-Pride-Parade präsentiert das ganze Spektrum der Szene

September
Domwallfahrt – mehrere 10 000 Gläubige gehen einen Pilgerweg zum und durch den Dom. Höhepunkt ist die Glockenvigil, bei der das große Domgeläut und alle großen Glocken der Innenstadtkirchen zusammenklingen (www.domwallfahrt.de).

KÖLNER LICHTER

Köln, Nordrhein-Westfalen

Was ist los, wenn die Kölner mitten in der Nacht plötzlich still in den Himmel schauen? Wenn es scheint, dass die Stadt den Atem anhält? Ist etwa ein Ufo in Sicht? Nein, es handelt sich um ein jährlich wiederkehrendes Phänomen. Es sind die Sekunden, bevor in einer Sommernacht der Himmel über der Domstadt kurz vor Mitternacht explodiert: Die Kölner Lichter, eine Veranstaltung der Superlative. Etwa fünf Tonnen Raketen, Sprüher und bengalische Feuer werden während des circa halbstündigen Feuerwerks abgebrannt. Begleitet von Musik, die aus riesigen Lautsprechern weit über den Rhein zu hören ist. Mehr als 30 Beschallungstürme werden dafür am Flussufer zwischen Schokoladenmuseum und Hohenzollernbrücke aufgebaut. Auch die Rheinschiffe sind mit Boxen bestückt. Wer doch zu weit weg steht, kann die eigens auf das Lichtspektakel komponierte Musik im Radio hören: Radio Köln überträgt live auf der Frequenz 107,1.

Die Kölner Lichter sind schon lange kein einfaches Feuerwerk mehr. Es gibt Uferfeste, bengalische Beleuchtung, eine Stadtachter-Ruderregatta, Night-Glowing der Heißluftballons, Schiffskonvoi, acht Begleitfeuerwerke zwischen den Stadtteilen Porz und Mülheim, eine Open-Air-Bühne und schließlich das gigantische Abschluss-Höhenfeuerwerk vor der fantastischen Kulisse von Altstadt und Dom. Seit ihrer Premiere im Jahr 2001 hat die mittlerweile weit über die Grenzen Kölns bekannte Veranstaltung eine rasante Entwicklung genommen. Jährlich kommen fast eine Million Zuschauer und der WDR hat bei seiner Fernseh-Live-Übertragung imposante Einschaltquoten.

Beste Sicht auf das Spektakel, das meist Mitte Juli stattfindet, hat man von den zahlreichen Rheinschiffen sowie den Sitzplatztribünen und den Hohenzollern-Terrassen auf beiden Seiten des Rheins. Natürlich gibt es in der Altstadt und im Stadtteil Deutz auch kostenfreie Standorte mit prächtiger Aussicht. Wer ein gutes Plätzchen erobern will, muss aber spätestens um 19 Uhr da sein. Sonst haben die erfahrenen Zuschauer die Orte bereits mit ihren Picknickkörben besetzt. Freie Sicht auf das Abschluss-Feuerwerk gibt es auch auf der Innenstadtseite entlang der Rheinuferstraße.

INFO: Am Kölner Rheinufer stattfindend. **INFO KÖLNER LICHTER:** www.koelner-lichter.de. **REISEZEIT:** Juli.

Musiksynchrones Feuerwerk: Kölner Lichter.

Cityleaks – das internationale urban art festival findet immer in ungraden Jahren statt und hat sich nachhaltig in das Kölner Stadtbild eingeschrieben (http://cityleaks-festival.de).

Oktober

Köln Marathon – teilnehmen können alle, die fit sind (www.koeln-marathon.de).

Kölner Musiknacht – Alte und Neue Musik, elektronische und Jazzmusik, Pop, klassische und experimentelle Musik – mit 100 Konzerten wird zum 8-stündigen Musikmarathon geladen (www.koelner-musiknacht.de).

Kölner Theaternacht – bis nachts um 3 Uhr zeigen städtische und private Bühnen halbstündige Ausschnitte aus ihren Inszenierungen: ein Ticket für 200 Vorstellungen (www.theaternacht.de).

Kölner Musiknacht

Köln Comedy Festival – großes Comedyfestival mit Lesungen, Live-Veranstaltungen, TV-, Radioshows und Kinoprogrammen (https://koelncomedy.de).

November

Lange Nacht der Kölner Kirchen – Die Nacht – der Raum – die Stille: Kirchenräume bis Mitternacht erleben, z. T. mit spirituellen Anregungen (www.nachtraumstille.de).

Museumsnacht im Rautenstrauch-Joest-Museum

In Köln öffnen in der Adventszeit zahlreiche Weihnachtsmärkte

Alle Jahre wieder…

Selbstverständlich ist Weihnachten kein regionales Ereignis, aber der Kölner feiert eben gerne und die Geburt Jesu bietet schließlich einen vorzüglichen Anlass. Letztlich wird ja auch Karneval andernorts gefeiert – halt nur nicht so wie hier.

An **Weihnachtsmärkten** kann man anscheinend nie genug haben. Es gibt ja so viele lange, dunkle Abende – was sollte man da ohne Geschenkeshopping, Grünkohl, Fischbrötchen und Glühwein anfangen? Zwischen dem 22. November und dem 23. Dezember kann man in der weihnachtlich geschmückten Innenstadt diese Weihnachtsmärkte besuchen: Dom/Roncalliplatz, Altstadt/Alter Markt, Neumarkt, Rudolfplatz, den schwimmenden Weihnachtsmarkt der Köln-Düsseldorfer, den Weihnachtsmarkt am Schokoladenmuseum und den Weihnachtsmarkt im Stadtgarten. Zur Kombination der Besuche benutzt man am besten den Weihnachtsexpress, der mindestens vier der Märkte verbindet.

Was noch zur Einstimmung auf das Fest beiträgt, sind eine **Adventsfahrt auf dem Rhein** und der Besuch des Düxer Advent auf der Deutzer Freiheit. Weiterhin sollte man unbedingt die **Wolkenburg** besuchen, die mit Tausenden kleiner Lichter einnehmend geschmückt ist. Alljährlich gibt es auch den **Kölner Krippenweg**, eine Ausstellung von rund 100 kunsthandwerklich bedeutenden Krippen, mit denen man sich die Wartezeit vertreibt, solange die Kirchenkrippen noch nicht aufgestellt sind. Sobald das aber geschehen ist, werden die Kirchen möglichst vollständig erwandert. Die szenische Kastenkrippe in Maria Himmelfahrt, die Domkrippe selbstverständlich, die »Eine Welt«-Krippe mit Chinesen, Indios und Afrikanern in St. Andreas und die Miljöhkrippe in St. Maria Lyskirchen müssen unbedingt dabei sein, bevor sie Maria Lichtmess wieder in den Kisten verschwinden.

Etwas Zeit benötigt man außerdem, um wenigsten einen Teil der musikalischen Events mitzunehmen. Das **Adventssingen** in der Philharmonie oder im Theater am Tanzbrunnen, Aufführungen der **Kölschen Weihnacht**, rockige Weihnachten mit Brings, weihnachtliche »Leeder und Verzällcher« auf dem Schiff, den Gesang vom Weihnachtsengel (gemeint ist Ex-Bläck-Fööss-Sänger Tommy Engel) oder die Höhner-Weihnachtsshow.

Dann also zurück in die Kirche **St. Andreas**, denn dort steht im nördlichen Seitenschiff noch eine zweite Krippe, nämlich die der Bierbrauer. Da wird gerade Hopfen gezupft und im Maischböttich gerührt, man sieht Faßbinder bei der Arbeit, einen säckeschleppenden Mälzer und nicht zuletzt einen Köbes mit Kölschkranz. Und der, an dessen Geburt hier erinnert wird, liegt nicht in einem Futtertrog, sondern in einem Bierfass. Wenn das nicht Weihnachten mit Lokalkolorit ist?

Lange Nacht der Kölner Museen – Museumsbesuch zum Sondereintrittspreis (1. Sa im Nov.) bis 3 Uhr morgens, begleitet von einer Fülle kultureller Veranstaltungen (www.museumsnacht-koeln.de).
Beginn der Karnevalssession – am 11.11. um 11.11 Uhr wird die Karnevalssession in der Altstadt standesgemäß mit reichlich Musik und Kölsch eingeläutet.

Messen:

Köln ist Schauplatz für über 80 internationale Messen (www.koelnmesse.de). Die wichtigsten sind:
imm cologne
Internationale Möbelmesse, Neuheiten, Inneneinrichtung, Accessoires, im Januar
ISM Internationale Süßwarenmesse
Ende Januar/Anfang Februar
Asia-Pacific Sourcing
Produkte für Haus und Garten aus Fernost, alle zwei Jahre Ende Februar
Practical World/Internationale Eisenwarenmesse
Werkzeuge, Sicherheitstechnik und Bedarf für Bau- und Heimwerkerfachmärkte, in geraden Jahren Anfang März

Die internationale Einrichtungsmesse »imm cologne« stellt die zukünftigen Themen und Trends der Branche vor

Die Piazza ist zentraler Treffpunkt auf der Koelnmesse

*Atemberaubende Indoor-
und Outdoor-Performances,
sensationelle Liveacts und
die neusten Highlights aus
der Welt der Games werden
auf der gamescom vorgestellt*

IDS Internationale Dental-Schau
Weltleitmesse der Dentalbranche, in ungeraden Jahren
Ende März
Art Cologne
Internationale Messe zeitgenössischer Kunst, Mitte–
Ende April
gamescom
Europäische Messe für interaktive Spiele und Unterhal-
tung, 2. Augusthälfte
spoga + gafa
Internationale Messe für Sportartikel, Campingbedarf,
Gartenmöbel, Anfang September
photokina
Neuheiten aus der Foto-, Film- und Videobranche, in
geraden Jahren Ende September
Anuga
Internationale Fachmesse der Ernährungswirtschaft, in
ungeraden Jahren im Oktober
INTERMOT
Internationale Fahrrad- und Motorrad-Ausstellung, in
geraden Jahren im Oktober
Orgatec
Internationale Fachmesse für Planung, Einrichtung und
Management von Businesswelten, in geraden Jahren
Ende Oktober
Cologne Fine Art
Kunst- und Antiquitätenmesse im Herbst, Mitte No-
vember

Hinweise für Menschen mit Handicap

Deutsches Rotes Kreuz, Kreisverband Köln e. V.
✆ (02 21) 54 40 00

»**Köln barrierefrei**« bietet umfassende Informationen für Menschen mit Behinderungen, z. B. zur Zugänglichkeit des ÖPNV, der Ausstattung von Kultureinrichtungen und den Standorten behindertengerechter Toiletten. Die Broschüre liegt kostenlos in den Kölner Bürgerämtern, den Bürgerhäusern und -zentren sowie bei den Wohlfahrtsverbänden und deren Beratungsstellen aus. Sie können sie unter ✆ (02 21) 221-290 98 als Postsendung bestellen oder auf folgender Website downloaden: (www.sovd-koeln.de/fileadmin/kreisverbaende/koeln/downloads/bf_koeln.pdf)

Internet

Kostenloses WLAN
An zahlreichen Plätzen der Innentstadt gibt es kostenloses WLAN. Eine Übersichtskarte der Hot Spots gibt es hier: www.stadt-koeln.de/basisdienste/wlan
Websites
Interessantes über die Domstadt bieten die folgenden Seiten:
www.koeln.de – umfassende Stadtinformationen, präsentiert von netcologne
www.koelnarchitektur.de – DIE Architekturseite für Köln, mit Ausstellungsservice, Baubeschreibungen und interaktivem Architekturführer

Kölner Kirmes auf der Schäl Sick

www.wearecity.de – Eisdielen, Sushi-Spots, Jogging-strecken, Picknickplätze, Kunstgalerien, Second-Hand-Shops – Eine Köln-Seite für viele Interessen und Be-dürfnisse
www.stadtrevue.de/tageskalender – die aktuellen Veranstaltungstermine sind nach Kategorien abrufbar
www.koelnerkarneval.de – hier informiert das Fest-kommitee Kölner Karneval über alles, was es zum of-fiziellen Karneval in Köln zu wissen gibt
www.volksfest-koeln.de – ein Überblick über Kirmes-veranstaltungen und Volksfeste in Köln
www.flohmarkt-termine.net/nordrhein-westfalen/ koeln – Flohmarkttermine für Köln

Notfälle, wichtige Rufnummern

Vorwahl Köln ✆ 02 21
Allgemeiner Notruf ✆ 112
Ärztlicher Bereitschaftsdienst ✆ 116 117 (Mo/Di, Do 18–8, Mi, Fr 12–8 Uhr, Sa/So/Fei durchgängig)
Zahnärztlicher Notdienst ✆ 018 05-98 67 00
Taxiruf ✆ (02 21) 194 10 und 28 82
Bahnauskunft ✆ 118 61, www.bahn.de
Straßen-/U-Bahn-/Bus-Auskunft ✆ 018 03-50 40 30
Flughafeninformation Köln ✆ (022 03) 40 40 01/02
Telefonauskunft Inland ✆ 118 33, international ✆ 118 34
Zentrale Kartensperrnummer für Deutschland ✆ 11 61 16 (zusätzlich ✆ 30 40 50 40 50)

In Köln ist das Büdchen Helfer in allen Lebenslagen

Radfahren am Rheinboulevard

Fundbüro
Kalk-Carré, Ottmar-Pohl-Platz
✆ (02 21) 221-263 13
Mi, Fr 8–12, Mo, Do 8–16, Di 8–18 Uhr

Presse

Tageszeitungen: *Kölnische Rundschau, Kölner Stadt-Anzeiger* (donnerstags mit der Beilage *Ticket* mit Tipps und Terminen für die kommende Woche), *Express, Bild Köln*
Stadtmagazine (mit Veranstaltungskalender): *Stadt-revue*

Rauchen

In Köln gilt ein generelles Rauchverbot in Kneipen und öffentlichen Einrichtungen.

Sightseeing, Touren

Ob Rad-, Schiffs- oder Bustouren, ob mit Seilbahn, Bimmelbahn, Rikscha oder per Pedes: Stadtführungen für unterschiedlichste Zielgruppen und Ansprüche kann man bei zahlreichen Anbietern buchen.

Besonders beliebt sind Kostümführungen: Stiftsdamen, Bischöfe, Römer, Nachtwächter, Ubiermädchen oder Hexen zeigen großen und kleinen Kölninteressenten ihre Stadt.

Der Rheinpark – 40 Hektar Parklandschaft direkt am Rhein

Bustouren:

Bustour im Doppeldecker
https://www.citytour.de
Tägl. 10–17.30 Uhr, jede halbe Stunde ab Dom
Rundfahrt ohne Ausstieg € 15/5 (4–13 J.)
Hop-On Hop-Off 24-Std.-Ticket € 18/5 (4–13 J.)
Tickets beim Busfahrer
Infos und Buchungen bei KölnTourismus ✆ (02 21) 346 43-0
Stadtrundfahrt quer durch Köln. Entweder man wählt eine durchgehende Tour oder ein Tagesticket für die Hop-On Hop-Off Touren, bei denen man an jeder Sehenswürdigkeit aussteigen und später mit einem nachfolgenden Bus weiterfahren kann.

Schiffstouren:

Dampfschiffahrt »Colonia« ➡ E10
Hohenzollernbrücke, gegenüber der Messe (Anleger und Verkaufstelle)
✆ (02 21) 257 42 25
www.dampfschiffahrt-colonia.de
Mit dem Mülheimer Böttchen für eine Stunde nach Norden und Süden oder an Bord der »Willi Ostermann« die Lichter der Stadt vom Rhein aus erleben.

Köln-Düsseldorfer Deutsche Rheinschiffahrt AG
➡ F10
Frankenwerft 35, Altstadt
☎ (02 21) 20 88 318, www.k-d.com
Hauptsaison: April–Ende Okt., Linienfahrten nach Porz, Wesseling, Bonn, Bad Godesberg bis Mainz; Familien- und Seniorenfahrten, Ereignisfahrten u.v.m.

Kölntourist Personenschiffahrt ➡ E10
Verkaufsbüro und Abfahrtsstelle
Konrad-Adenauer-Ufer, Altstadt
☎ (02 21) 12 16 00, www.koelntourist.net
Die Fahrgastschiffe »Rheinland«, »Rheinperle« und »Rheintreue« des Familienbetriebs fahren ganzjährig. Tagesausflüge, Erlebnisfahrten, Panorama-Rundfahrten vom Dom nach Rodenkirchen und zurück (ca. 65 Min.).

Zu Fuß:

Verein Kölner Stadtführer
https://koelner-stadtfuehrer.de
Gruppenführungen zu Kölns Geschichte und Gegenwart, Museen und Kirchen.

Köln kann man auch vom Wasser aus erkunden

stattreisen Köln → G9
Kleine Spitzengasse 2–4, Altstadt
☏ (02 21) 732 51 13
Aktuelle Termine abrufbar unter ☏ (02 21) 73 80 95
www.stattreisen-koeln.de
Kompetente und unterhaltsame Stadtführungen zu Fuß.
Themen- und Stadtteilführungen, Brauhaustouren,
Kinderführungen zu Sagen und Legenden.

Inside Cologne → F7
Bismarckstr. 70, Köln
☏ (02 21) 52 19 77, www.insidecologne.de
Museums- und Kirchenführungen, Sagen und Märchen,
Kölner Frauen, Kinderführung.

RegioColonia e.V. → G9
Hohe Pforte 22, Altstadt
☏ (02 21) 9 65 45 95, www.regiocolonia.de
Museums-, Kirchen, Themen-, Kinder und Kostümführungen.

Spurenlese – Stadtführung durch Köln
☏ (02 21) 977 10 56, www.spurenlese.de
Breites Führungsprogramm, auch Ausgefallenes: »Köln
von unten«, »Astrologie im Stadtbild«, »Köln und Düsseldorf: Zwei Welten«.

Sonstige Touren:

Aeronautic Team
☏ (02 21) 986 30 13, www.aeronautic.de
Normalpreis pro Person € 219, Gruppen und Sondertarife auf Anfrage
Zum Davonschweben, individuelle Fahrten per Heißluftballon.

Architekturführungen mit Profil
☏ (02 21) 952 37 63, koelnarchitektur.de
Touren zur Architektur der Stadt von Architekturprofis
für Fachleute und interessierte Bürger.

Bimmelbahnen → F9
www.bimmelbahnen.de
Rundfahrt (Hop-On Hop-Off) ab € 9/5 (2–12 J.)

*Mit der Seilbahn geht
es über den Rhein*

Fahrradrikscha auf der Domplatte

Ab Haltstelle Dom/KölnTourismus halbstündig in verschiedene Richtungen, Schoko-, Zoo- und Weihnachtsmarkt-Express.

Cologne Airship Company
℗ (02 21) 97 430 66, www.koeln-ballonfahren.de
Normalpreis pro Person € 111, Gruppen und Sondertarife auf Anfrage
Abheben von diversen Startplätzen und mit Heißluftballon oder Zeppelin über Köln fliegen.

Fahrradverleihservice
Vgl. Erholung und Sport, S. 171.

Köln-Rikscha/Perpedalo ➡ H7
Moselstr. 68, Südstadt
℗ (02 21) 60 47 89, www.perpedalo.de
Rundfahrt ab € 16 pro Person
Stadtrundfahrt, Brückenfahrt, Champagnerfahrt, Shuttleservice oder einfach als Taxi von A nach B.

Rheinseilbahn ➡ D/C10/11
Linksrheinisch: am Zoo, rechtsrheinisch: Rheinpark/Claudius Therme
℗ (02 21) 547 41 83, www.koelner-seilbahn.de
März–Anfang Nov. 10–18 Uhr
Einfache Fahrt € 4,80/2,70, Hin- und Rückfahrt € 7/4

Kölsche Kult-Band: Die »Bläck Fööss« feierten 2020 ihr 50-jähriges Band-Bestehen

Kölns sicherstes Verkehrsmittel wurde 1957 zur Bundesgartenschau in Betrieb genommen und verbindet die beiden Rheinseiten auf der Höhe der Zoobrücke. Mehrmals im Jahr werden auch Nachtfahrten durchgeführt.

Segway-Touren

Voraussetzungen: Mindestalter 15 J., Mindestgewicht 45 kg, Mofaführerschein
– GLEITZEIT GmbH
☎ (02 21) 989 33 44, www.gleitzeitgmbh.de
Verschiedene Touren buchbar, Tickets ab € 47,40 pro Person
– SEGWAY TOURS COLOGNE
☎ (02 21) 16 87 25 11, (0175) 156 12 02
www.segway-tourscologne.de
Verschiedene Touren buchbar, Tickets ab € 49,50 pro Person

Sprachhilfen für die kölsche Mundart

»Kölsch« ist ein Bier und eine Sprache, also in beiden Fällen mundgerecht und flüssig. Es kommt selten vor, dass Trinken und Reden namentlich so unzertrennlich sind. Prompt bildet denn auch die Nähe von feuchter Kehle und spitzer Zunge die Grundlage dafür, wie man die Kölner im Besonderen und die Rheinländer im Allgemeinen einschätzt: als humoristische Zeitgenossen, die nicht auf den Mund gefallen sind. Spätestens seit Konrad Adenauers öffentlichen Reden gilt der kölnisch-rheinische Singsang, der bisweilen psalmodierende Tonfall der Region, als amüsant, mitunter süffisant, aber immer als liebenswert.

Eine akademische Rechtfertigung dieses Sachverhalts lieferte der Bonner Universitätsprofessor Heinrich Lützeler mit seiner nach wie vor lesenswerten »Philosophie des Kölner Humors«. Die lexikalischen Grundsteine dazu legte Adam Wrede in seinem Nachschlagewerk »Neuer Kölnischer Sprachschatz« – ein unerschöpfliches Füllhorn oft skurriler, durchweg aufschlussreicher Wortbedeutungen des Ripuarischen – wie »Kölsch« sprachwissenschaftlich korrekt heißt.

Hier ist leider nur Platz für einen Basis-Wortschatz. Es versteht sich, dass es dabei zunächst um Ausdrücke rund um die kulinarischen Kölnspezialitäten geht:
Halve Hahn – eine Roggenbrötchenhälfte (*Röggelche*) mit mittelaltem Holländer
Kölsche Kaviar – Roggenbrot mit Blutwurst und Zwiebeln
Hämcher – gepökelte Schweinshaxe, zu der man Sauerkraut und Kartoffelpüree isst
Himmel un Äd mit Flönz – gebratene Blutwurst (*Flönz*) mit einem Gemisch aus Apfelstücken (Symbol für Himmel) und gestampften Kartoffeln (Symbol für Erde)
Rievkoche – Kartoffelpuffer.

Die zweite Kurzlektion betrifft den Karneval, etwa dessen Hochrufe *Alaaf* und *Ajuja*, die *Bützje* (Küsse) und *Kamelle* (Bonbons). Und natürlich die *Jecken* (Narren, verrückte Leute; einer allein ist ein *Jeck)*, die die »tollen Tage« bevölkern.

Die im Alltag kursierenden Schlüsselwörter sind zahllos und für Fremde tabu, aber was *Pänz* (Kinder) oder *Pingel* (ein hochgradig empfindlicher, kleinlicher Zeitgenosse) sind, sollte man schon wissen. Ganz zu schweigen vom Zauberwort stadtinterner Beziehungen: dem *Klüngel*. Dazu der Sprachprofessor Adam Wrede: »Für Köln, das man zeitweise als eine Hochburg des Klüngels und der Klüngelei angesehen hat, kann ich das Wort durch Belege aus dem Jahr 1782 in dem Sinn betrügerische Machenschaften nachweisen.«

Mitunter erfindet der kölnische Volksmund Wörter von erstaunlichem Realismus und Treffsicherheit – allen

Die neugierige Schneidersfrau vom Heinzelmännchenbrunnen in der Kölner Altstadt (Am Hof) vertrieb einst Kölns heimliche Helferlein

Kölsche Sprach an dre Kreuzblume beim Domforum

*Einige der Kölner Bahnunter-
führungen werden nachts
wunderschön urban illuminiert,
wie hier an der Maybachstraße
am Hansaring*

voran das Nachkriegszeitwort *fringsen*, was nicht nur
»Kohlen klauen« bedeutete, sondern dieses zugleich
legitimierte, weil der damalige Erzbischof von Köln,
Joseph Kardinal Frings, die illegale Beschaffung von
Heizmaterial für die Selbstversorgung ausdrücklich
rechtfertigte. Zur kurzen Kölschkunde gehört auch die
Erwähnung des frankophilen Einschlags des Vokabulars.
Kein Wunder, dass diese Neigung die kursierende An-
sicht belegt, die Kölner seien ähnlich wie die Franzosen
arbeitsscheu, unzuverlässig und vergnügungssüchtig.

Kölsch hat auf jeden Fall nie Probleme gehabt mit
Französisch gemeinsame Sache zu machen. Alltägliche Begriffe wie *Paraplü* (statt Schirm), *direktemang*
(sofort, unmittelbar), *Trottewar* (statt Bürgersteig), *us
der Lamäng* (mit leichter Hand) zeigen beispielhaft die
rheinisch-französische Sprachfreundschaft. Beim Ab-
schied sagt man häufig *Tschö* – ein rheinisches Adieu.

Grammatikalisch geht Kölsch ebenfalls eigene Wege:
Am auffälligsten bei der Vorliebe für die Verlaufsform
der Gegenwart: *Bis still, Jung, dä Pappa is am Schlafen!*
Kölner sind eigentlich ständig *(jrade)* was am Machen,
am Reden, sich am Amüsieren.

Auch die Zeiten purzeln am Rhein munter durch-
einander. Kein Mensch sagt hier: »Ich wollte dich anru-
fen.« Es heißt: »Ich wollte dich angerufen haben.« Die
Genitiv-Faulheit gehört ebenfalls zur typisch kölschen
Suada: *Mingem Vatter singe Hot* (»meinem Vater sein
Hut«) umschifft gefällig die Härten des komplizierten
hochdeutschen Genitivs.

Kölsch, diese sprachliche Lebensart, kann niemals Exportartikel sein; deshalb wirkt sie auf Nicht-Kölner zwar möglicherweise sympathisch, aber im Grunde exotisch.

Verkehrsmittel

Kölns **Hauptverkehrsstraßen** verlaufen als Ring- und Sternstraßen. Halbkreisförmig umschließen die Stadt: Autobahnring, Militärring, Gürtel, Äußere und Innere Kanalstraße sowie die Ringe im Verlauf der mittelalterlichen Stadtmauer. Die Ortsnamen der Sternstraßen deuten die Himmelsrichtungen an: Aachener Straße (Westen), Bonner Straße (Süden), Neusser Straße (Norden). Ein **Parkleitsystem** zeigt die freien Plätze in den drei Hauptbereichen an: Dom/Hauptbahnhof, Neumarkt, Ringe.

Im öffentlichen Nahverkehr rollen die Busse und Bahnen der **Kölner Verkehrsbetriebe** (KVB, www.kvb-koeln.de). Für Einzelfahrten sind die Tarife nach Entfernung gestaffelt; eine Kurzstreckenfahrt kostet € 2, eine Fahrt im Stadtgebiet Kölns (1b) € 3, darüber hinaus gibt es weitere Tickets. Das 24-Stunden-Ticket kostet € 8,80 das Wochenticket € 27,20 und das Tagesticket für Kleingruppen bis 5 Personen € 13,40.

Fahrscheine erhält man an Automaten an den Haltestellen und in der Bahn sowie in den Fahrgastzentren. Sie müssen in Bus und Bahn gestempelt werden. Mit der **KölnCard** fährt man kostenlos (vgl. Auskunft, S. 183).

Taxi Ruf Köln
℡ (02 21) 28 82, www.taxiruf.de
An allen größeren Plätzen, Verkehrsknotenpunkten und großen Hotels gibt es Halteplätze, in Außenbezirken stehen dort oft Taxirufsäulen.

Rheinfähren
Innerstädtisch verkehrt die Fähre Strolch zwischen **Konrad-Adenauer-Ufer und Messe**: ℡ (022 36) 59 53 53, Ostern–Okt. Sa/So/Fei 10–18 Uhr, Ticket € 3/1,50.

Im Kölner Süden zwischen **Weiß und Zündorf** setzen »Krokodil« und »Krokolino« über den Rhein, besonders interessant für Fahrradtouren: ℡ (022 36) 683 34, www.faehre-koelnkrokodil.de, April–Sept. Mo–Fr 11–19, Sa/So/Fei 10–20 Uhr, März, Okt. Sa/So/Fei 10 Uhr bis Sonnenuntergang, Ticket € 2, mit Rad € 2,50. ■

Die **fetten** Seitenzahlen verweisen auf ausführliche Erwähnungen, *kursiv* gesetzte Begriffe bzw. Seitenzahlen beziehen sich auf den Service.

4711 Kölnisch Wasser 34, 35
4711-Haus 34, **35**, 106

Aachener Weiher 37
Adenauer, Konrad 46, 59, 96, 172, 177, 199
Agfa Photo-Historama 72, 73
Agnesviertel 38 f.
Alte Feuerwache 38 f.
Altenberg 48 ff.
– Altenberger Dom 48 ff.
– Märchenwald 49, 50
Alter Markt 21 ff.
Altstadt 14 ff.
Anreise 180 ff.
Aquarium 161
Archäologische Zone 26
Auskunft 183

Bäder 169 ff.
Baptisterium 18
Bars 143 f.
Bayenturm 94
Bebel, August 45
Belgisches Viertel 155
Bergisch Gladbach 51
– Althoff Grandhotel Schloss Bensberg 51
Biergärten 136 f.
Böhm, Gottfried 32, 71, 88, 93
Böll, Heinrich 38, 105, 178
Botanischer Garten 168
Brauhäuser 23, 24, 29, **131 ff.**
Brühl 52 ff.
– Max Ernst Museum Brühl 52, 54, **55**
– Phantasialand 164, 165
– Schloss Augustusburg 52 ff.
– Schloss Falkenlust 52 ff.

Cafés, Bistros 128 ff.
Claudius Therme 46, 169
Clubs 139 ff.
Constantin Höfe 45

Dassel, Rainald von 16, 17, 175
Design Post Köln 94 f.

Deutsches Sport- und Olympia-Museum 68
Deutz 42 ff.
Deutzer Brücke 95
Deutzer Bahnhof 45
Dischhaus 32 f.
Dom 14 ff., 82
Domforum 183
Domplatte 14
Duftmuseum vgl. Farina-Haus

Ebertplatz 38
Ehrenfeld 40 f., 66 f.
Ehrenstraße 37
Eigelstein 38
Eigelsteintorburg 38
Einkaufszentren 154 ff.
EL-DE Haus vgl. NS-Dokumentationszentrum
Erich-Klibansky-Platz 36 f.

Fähren 63, *201*
Fahrradtour 201
Fahrradverleih 171 f.
Farina-Haus 26 f., **68 f.**, 160 f.
Feste, Veranstaltungen 184 ff.
Fischmarkt 19
Flora 168, 179
Flughafen 182
Fort VI 58 f.
Fort X mit Rosengarten 38, 95 f.
Frankenwerft 19
Friesenviertel 138

Gereonsmühlenturm 104
Geschäfte 157 ff.
Gürzenich 27, 96, 150

Hahnentor 37
Hänneschen Theater 27 f., 146
Hauptbahnhof 180 f.
Heinrich-Böll-Platz 19
Heinzelmännchenbrunnen 96
Helenenturm 36
Helios Leuchtturm 40, 66
Heumarkt 28
Hinweise für Menschen mit Handicap 191
Historisches Stadtarchiv, ehem. 105
Hohenzollernbrücke 96 f.
Hohe Straße 31

Hohenzollernring 37
Hostels 115 f.
Hotels 109 ff.

Internet 191 f.

Jan-von-Werth-Brunnen 23
Japanisches Kulturinstitut 72
Jawne, Lern- und Gedenkort 36 f.
Jüdisches Viertel 25 f.

Kallendresser 23
Karneval 29, 30
Käthe Kollwitz Museum 37, 69
Kaufhäuser 156 f.
Kinder 160 f.
Kinos 152 f.
Kirchen
– Alt St. Heribert 44
– Antoniterkirche 82
– Groß St. Martin 19 f., 82 ff.
– Kartäuserkirche 84 f.
– Kölner Dom vgl. Dom
– Lutherkirche 147
– Minoritenkirche 31, 85
– Neu St. Heribert 44
– St. Agnes 38
– St. Alban 27
– St. Andreas 85 f.
– St. Aposteln 37, 86
– St. Cäcilien 74
– St. Georg 86 f.
– St. Gereon 87
– St. Kolumba 31 f., 71, **88**
– St. Kunibert 88
– St. Mariä Himmelfahrt 89
– St. Maria im Kapitol 89
– St. Maria in der Kupfergasse 36
– St. Maria Lyskirchen 89 f.
– St. Pantaleon 90
– St. Peter 90 f.
– St. Severin 92
– St. Ursula 92
– Trinitatiskirche 92 f.
Kneipen 131 ff.
Kolbhalle 40
Köln in Zahlen und Fakten 181
Kölner Karnevalsmuseum 69
Kölner Lichter 185, 186
Kölner Pegel 97
Kölnisch Wasser vgl. 4711
Kölnischer Kunstverein 97 f.

Entdecken Sie die
KREISSTADT BERGHEIM
vor den Toren Kölns

Kölnisches Stadtmuseum 36, 69 f.
KölnCard 183
KölnTourismus 183
KölnTriangle 98
Kölsch 24, 132
Kolumba – Kunstmuseum des
  Erzbistums 31 f., 70, **71**
Kranhäuser 103
Kreishausgalerie 37, 154
Kulturkirche Köln vgl. unter
  Kirchen Lutherkirche
Kulturquartier am Neumarkt
  74, 77, 178
Kunibertsturm 94
Kunst-Station St. Peter vgl.
  unter Kirchen St. Peter
Kürassierdenkmal 44
Kwartier Latäng 138

LANXESS arena 45, **98**, 151
Lanxess Tower 44
Lentpark 38
Lindenthaler Felsengarten vgl.
  Fort VI
Literaturhaus 147
Löwenbrunnen 37

Malakoffturm 103
Martinsviertel 19 f.
Mataré, Ewald 23, 71, 88
MediaPark 99
Melatenfriedhof 99
Messe-Mahnmal 46
Messen 189 f.
Messeturm 46
Mikwe 26, 99
Millowitsch, Willy 37, 99
Mittelstraße 37
Museum für Angewandte
  Kunst 31, 70 ff.
Museum für Ostasiatische
  Kunst 37, 72
Museum Ludwig 18 f., 72, **73**
Museum Schnütgen 74
MuseumsCard 68
Musical Dome 151
Musik 150 f.

Neptunbad 67
Neumarkt Passage 155
Notfälle 192 f.
NS-Dokumentationszentrum
  36, **60 f.**, 74 ff.

Odysseum 76
Offenbachplatz 33 f., 100
Oper Köln im StaatenHaus 34,
  151
Opernhaus 33 f., 100
Opern Passagen 36, 155
Overstolzenhaus 100

Parks 167 ff.
Peek & Cloppenburg/Welt-
  stadthaus 101
Phantasialand vgl. Brühl
Philharmonie 19, 151
Piano, Renzo 101, 157
Platzjabbeck 21
Praetorium 25, 101, **102**
Presse 193

Rathaus 25, 101
Rathausplatz 23 ff.
Ratsturm 21, 101
Rauchen 193
Rautenstrauch-Joest-Museum
  76 ff.
Reiterdenkmal von Friedrich
  Wilhelm III. 28 f.
Restaurant Le Moissonnier 119
Restaurants 118 ff.
Rheinauhafen 103
RheinEnergieStadion 172
Rheinhallen 46
Rheinpark **46**, 63, **103**, 151,
  163, 169, *197*
Rheinseilbahn 46, *197 f.*
Riphahn, Wilhelm 33, 34, 98,
  99, 100
Ringe 104, 155
Romanische Kirchen (vgl. auch
  unter Kirchen) 83
Römerturm 36, 104
Römisches Nordtor 14
Römisch-Germanisches
  Museum 18, 78 f.
Rudolfplatz 37

Schauspielhaus 34, 100, **148**
Schlosspark Stammheim 64 f.
Schokoladenmuseum 79
Schmitz-Säule 20
Schürmann, Joachim 20
Severinstorburg 104
Severinstraße 105
»Siebengebirge« 103

Sightseeing, Touren 193 ff.
Skulpturenpark Köln 79 f.
Solingen 56
– »Loosen Maschinn« 56
– Müngstener Brücke 56
– Schloss Burg 56
Spichernhöfe 106
*Sprachhilfen für die kölsche
  Mundart 198 ff.*
Stadtgarten 137, 141, 151, **168**
Stadtmauer 14, 36, 37, 95, **104**,
  174, 176, 177
Stadtwald 137, 166
Stapelhaus 19
Synagoge Köln 91

Tanzbrunnen 46, 151
Tanzmuseum 80
Theater 145 ff.
Tickets 153
Tünnes und Schäl 21

Ulrepforte 84, 104
Umweltzone 181 f.
Ungers, Oswald Mathias 27,
  80, 81, 110
Universität 176, 177, 181

Verkehrsmittel 201
Volksbühne 37, 149
Volksgarten 147, 166, **169**

Wallraf-Richartz-Museum &
  Fondation Corboud 27, 80, **81**
Wohlfahrtszentrum der Syna-
  gogen-Gemeinde 41
WDR (Westdeutscher Rund-
  funk) 36, **106**, 150
WDR-Arkaden 36, 156
*Weihnachtsmärkte, -krippen
  188*
Weinlokale 128 ff.
Wellness 169 ff.
Wichtige Rufnummern 192 f.
Willy-Millowitsch-Denkmal 37

Zentralmoschee der DITIB 41,
  66 f., **93**
Zoo 161
Zoobrücke 46
Zumthor, Peter 31, 71
Zündorfer Groov 62 f.
Zündorfer Wehrturm 63

Althoff Hotel & Gourmet Collection/Klaus Lorke: S. 51
Aqualand Köln: S. 162
Elke Bitzer, Leverkusen: S. 50
Bläck Fööss/leonie handrick: S. 198
Michael van den Bogaard: S. 26
Bumper Boat Beach, Köln/Scott Albuschkat: S. 163
Burat: S. 184 o.
Christoph Paul's Restaurant, Köln: S. 123 o.
Claudius Therme GmbH & Co. KG, Köln: S. 171
Cölner Hofbräu Früh, Köln: S. 131 u.
Comedia Theater, Köln/Christopher Horne: S. 146
c-o pop, Köln/Marcel Kamps: S. 184 u.
Deutsches Sport & Olympia Museum, Köln: S. 69 u.
DJH Landesverband Rheinland e.V.: S. 115, 116
Ermert: S. 187 u.
Hans Georg Esch, Köln: S. 20
Flughafen Köln Bonn GmbH: S. 182
Fotolia/Boris Breytman: S. 49; Davis: S. 22; Juergen
    Fischer: S. 53
Rainer Gaertner DGPh, Wiehl/Berlin: S. 10 Mitte, 17,
    86, 174 u.
Gastro-Event GmbH/Gloria, Köln: S. 140
Rainer Hackenberg, Köln: 29, 90 o.
HOSTA Hotelmanagement GmbH, Köln/Hajo Sigrist:
    S. 113
Hotel im Wasserturm, Köln: S. 109
Hyatt Regency Cologne: S. 108
Senftöpfchen, Köln/Sandra Irmler: S. 148
iStockphoto/Rudy Balasko: S. 8; Dirk Freder: S. 99 o.;
    Sebastian Hamm: S. 28; Juergen Schonnop: S. 186,
    Burcin Tuncer: S. 16; Lisa Valder: S. 188; vichie81:
    S. 6/7; Peter Zurek: S. 83
Dieter Jacobi, Köln: S. 172
KD Deutsche Rheinschiffahrt AG, Köln: S. 4 r., 195
Dieter Klein, Troisdorf: S. 106, 173
Klingenstadt Solingen: S. 56; Sonja Nordmann: S. 57
Kölner Philharmonie/Joerg Hejkal: S. 150
Kölner Zoo: S. 161
Kölnisches Stadtmuseum: S. 70 o.
KölnKongress GmbH: S. 96/97 u., 151 u.
Koelnmesse GmbH: S. 37 o., 129 o., 130, 154, 180, 189 o.,
    189 u., 190
KölnTourismus GmbH: S. 2 Mitte, 2 r., 19, 30, 35, 112,
    132; Bilderblitz: S. 107, 138, 192, 200; Mike Dyna:
    S. 37 u., 94, 95, 166; Udo Haake: S. 87 o., 88, 92 o.,
    96 o.; Dieter Jacobi: S. 23 o., 78 u., 117, 134, 136,
    155 u., 159, 183, 196; Jens Korte: S. 18 u., 21, 31 u.,
    87 u., 89 u., 104, 167; Andreas Möltgen: S. 2 l., 14,
    73, 135, 158 u., 197; Axel Schulten: S. 3 Mitte, 24, 68,
    82 u., 129 u., 133, 141; Damian Zimmermann: S. 70 u.;
    www.badurina.de: S.193
LANXESS arena, Köln: S. 98
Klaus Lefebvre, Witten: S. 100
Le Moissonoir Restaurant GmbH & Co. KG, Köln: S. 119;
    Kira Bunse & Stefan Heinrichs: S. 118
Manfred Linke/laif, Köln: S. 93, 139, 145
Maritim Hotel, Köln: S. 110
Max Ernst Museum Bruehl des LVR/Hans Theo Gerhards:
    S. 55

Petra Metzger, Köln: S. 25, 36 u., 38, 40, 61, 64, 65, 67,
    90 u., 91 u., 122, 142, 147, 151 o., 157, 158 o., 160 o.,
    175, 191, 199 u.
Museum Ludwig, Köln: S. 10 u., 72 u.
Museum Schnütgen, Köln: S. 92 u.
NENI, Köln/Steve Herud: S. 125
Neptunbad Premium Sports & Spa, Köln: S. 170
NS-Dokumentationszentrum/Jörn Neumann: S. 74 u.r.
Odysseum Köln: S. 4 Mitte, 76, 160 u.
Park Plaza Hotels: S. 111 u.
Phantasialand, Brühl: S. 164, 165
Privatbrauerei Gaffel, Köln: S. 131 o., 137
The Qvest hideaway, Köln/Ralph Baiker: S. 111 o.
Karl-Heinz Reuter, Köln: S. 169
Restaurant Al Salam, Köln: S. 126
Restaurant Astrein, Köln/Sonja Ahmed: S. 120
Restaurant Essers Gasthaus, Köln/Frank Schoepgens
    FOTOGRAFIE: S. 124
Restaurant Luis Dias, Köln/Phillip Rehberg Fotografie:
    S. 121
Rheinisches Bildarchiv, Köln/Helmut Buchen: S. 74 o.;
    W. Meier: S. 74 u.l., 75; Marion Mennicken: S. 31 o.
RJM, Köln/Guido Schiefer: S. 77
Rosebud, Köln/Niels Freidel: S. 143
Herbert Sachs, Köln: S. 91 o.
Schlösser Augustusburg und Falkenlust, Brühl/Klaus
    Wohlmann: S. 52
Schlösserverwaltung Brühl/Horst Gummersbach: S. 54
Lothar Schnepf, Köln: S. 72 o.
Andreas Schulz, Köln: S. 58, 62
Seiberts Bar, Köln: S. 144
Shutterstock/Michael von Aichberger: S. 1; aliciamarie-
    massie: S. 45 o.; Uwe Aranas: S. 10 o., 179; ArtyPho-
    tography: S. 194; Borisb17: S. 82 o.; Sebastian Hamm:
    S. 47; Inu: S. 85; Kristof Lauwers: S. 105; multi-shaer:
    S. 42; Rick Neves: S. 3 r., 99 u.; PICTOR PICTURE COM-
    PANY: S. 101 u.; r.classen: S. 84; Thomas Stockhausen:
    S. 152; trabantos: S. 87 u.
Skulpturenpark Köln/Fotostudio Schaub: S. 79 u.
Heiko Specht/laif, Köln: S. 128
Uwe Spoering: S. 114
Stadt Köln: S. 46; Dezernat für Kunst und Kultur: S. 102
Stadtgarten/Laurence Voumard, Köln: S. 168
Frank Arne Teschner: S. 153
TiB/Alex Katona: S. 149
Tourismus NRW e.V.: S. 48 o.
Vista Point Verlag (Archiv), Rheinbreitbach: S. 18 o., 34,
    69 o., 71, 78 o., 101 o., 174 o., 176, 178
Wallraf Richartz Museum & Fondation Corboud, Köln:
    S. 27 r., 80, 81
Wikipedia/Karl-Heinz Meurer: S. 48 u.; Raimond Spek-
    king: S. 27 l.; Tohma: S. 44
Norbert Wilhelmi, Nürnberg: S. 185 o.
Klaus Wohlmann, Köln: S. 187 o.
www.hafen-weihnachtsmarkt.de: S. 103
www.koelnfoto.de: S. 3 l., 4 l., 4 u., 23 r., 36 o., 45 u., 79 o.,
    89 o., 185 u., 199 o.
www.pixelquelle.de: S. 155 o.

Titelbild: Fassade des Kölner Doms (Foto: Dieter Klein, Troisdorf)
Umschlagrückseite: Idyllisch und ein wenig versteckt ist der Rosengarten im Fort X (links/s. S. 95), Atemberaubende Indoor- und Outdoor-Performances, sensationelle Liveacts und die neusten Highlights aus der Welt der Games werden auf der gamescom vorgestellt (Mitte/s. S. 190), In Köln ist das Büdchen Helfer in allen Lebenslagen (rechts/s. S. 193)
Schmutztitel (S. 1): »Liebe deine Stadt«-Schriftzug über der Kölner Nord-Süd-Verbindung
Seite 2/3/4 (v. l. n. r.): im Museum Ludwig, am Fischmarkt, Funkemariechen im Kölner Karneval; LANXESS arena, Köbes im Brauhaus »Früh am Dom«, MediaPark; Schokoladenmuseum, Ausstellung im Odysseum, Schifffahrt auf dem Rhein; Umspannwerk im MediaPark (S. 4 u.)
Seite 10: im Kölner Dom (l.o.), Rathauslaube (r.), August Mackes »Dame in grüner Jacke« (1913) im Museum Ludwig (l.u.)

Konzeption, Layout und Gestaltung dieser Publikation bilden eine Einheit, die eigens für die Buchreihe der **1000 Places To See Before You Die-City/Regio Guides** entwickelt wurde. Sie unterliegt dem Schutz geistigen Eigentums und darf weder kopiert noch nachgeahmt werden.

Mit Textbeiträgen aus »1000 Places To See Before You Die – Deutschland · Österreich · Schweiz« von Christine Berger, Die Journalisten, Andrea Herfurth-Schindler, Detlef Schmalenberg und Horst Schmidt-Brümmer.

Unser/e Autor/in hat diese Ausgabe während der Corona-Pandemie recherchiert. Aufgrund der Pandemie kann es zu veränderten Öffnungszeiten und Zugangsbeschränkungen sowie Schließungen kommen. Wir bitten dies zu entschuldigen!

© 2020 VISTA POINT Verlag GmbH, Rolandsecker Weg 30, D-53619 Rheinbreitbach
Alle Rechte vorbehalten
Reihenkonzeption: Andreas Schulz & VISTA POINT-Team
Bildredaktion: Kathrin Fäller
Lektorat: JB Bild|Text|Satz
Layout und Herstellung: Britta Wilken
Reproduktionen: Henning Rohm, Köln; Noch & Noch, Datteln
Kartographie: Berndtson & Berndtson Productions GmbH, Fürstenfeldbruck; Huber Kartographie GmbH, Unterschleißheim
Druckerei: Florjancic tisk d.o.o., Slowenien

ISBN 978-3-96141-543-4

An unsere Leser!
Die Informationen dieses Buches wurden gewissenhaft recherchiert und von der Verlagsredaktion sorgfältig überprüft. Nichtsdestoweniger sind inhaltliche Fehler nicht immer zu vermeiden. Für diese übernimmt der Verlag keine Haftung. Für Ihre Korrekturen und Ergänzungsvorschläge sind wir dankbar.

VISTA POINT Verlag
Rolandsecker Weg 30 · 53619 Rheinbreitbach
Telefon: +49 (0)2224/7795-0 · Fax: +49 (0)2224/7795-100
info@vistapoint.de · www.vistapoint.de · www.facebook.de/vistapoint

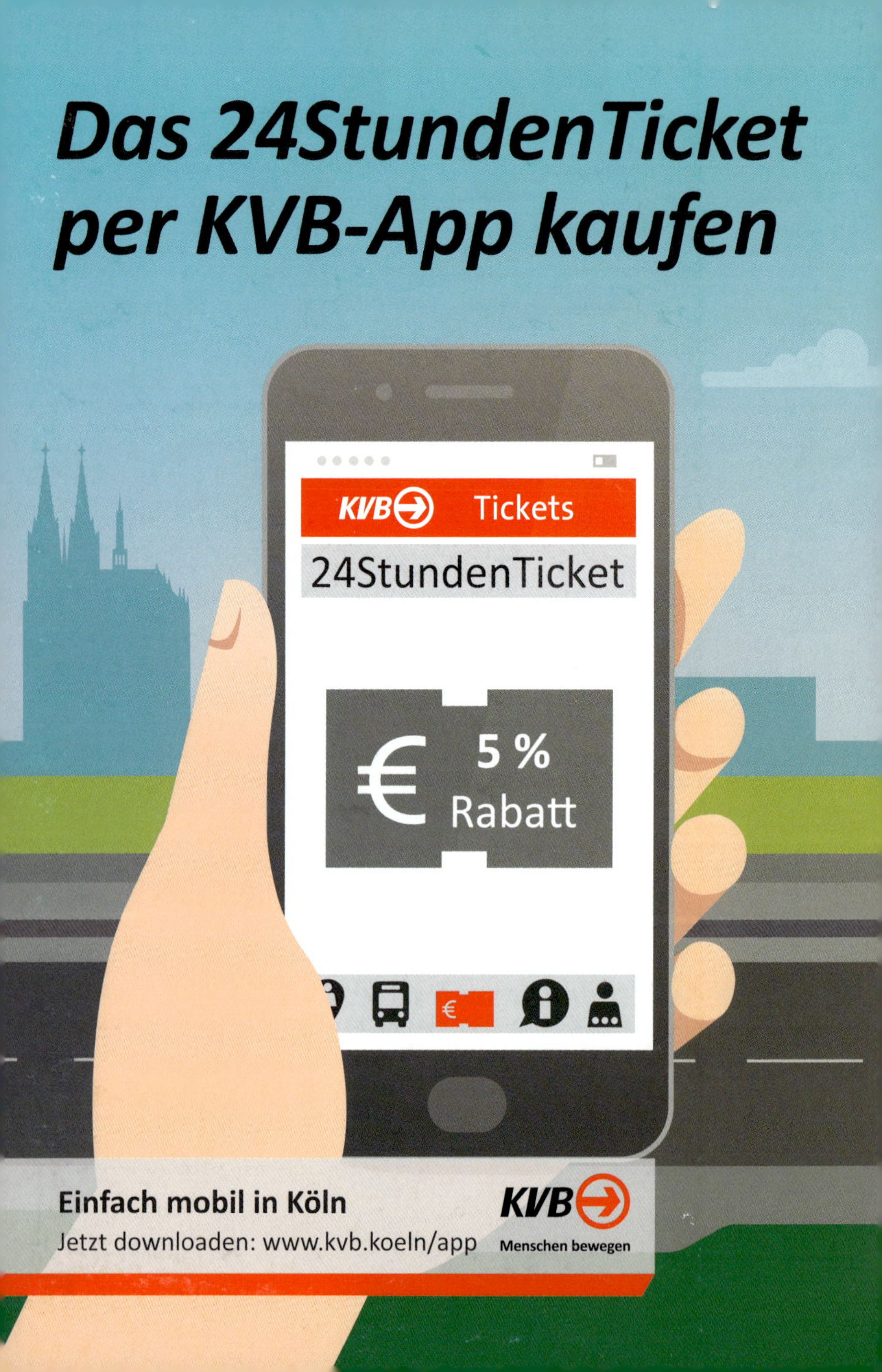

Das 24StundenTicket per KVB-App kaufen

24StundenTicket

€ **5 %**
Rabatt

Einfach mobil in Köln
Jetzt downloaden: www.kvb.koeln/app

KVB→
Menschen bewegen